本书受到世界经济新格局下的中国国际化发展战略项目、国家
预售融资的供应链运作管理决策问题研究"（项目编号：72172

供应链背景下的
企业社会责任治理变迁

陈若鸿◎著

EVOLUTION OF CORPORATE SOCIAL
RESPONSIBILITY GOVERNANCE AGAINST
THE BACKGROUND OF SUPPLY CHAIN

经济管理出版社
ECONOMY & MANAGEMENT PUBLISHING HOUSE

图书在版编目（CIP）数据

供应链背景下的企业社会责任治理变迁/陈若鸿著 . —北京：经济管理出版社，2023.5
ISBN 978-7-5096-9031-4

Ⅰ.①供…　Ⅱ.①陈…　Ⅲ.①企业责任—社会责任—研究—中国　Ⅳ.①F279.23

中国国家版本馆 CIP 数据核字（2023）第 094134 号

组稿编辑：郭丽娟
责任编辑：韩　峰
责任印制：黄章平
责任校对：王淑卿

出版发行：经济管理出版社
　　　　　（北京市海淀区北蜂窝 8 号中雅大厦 A 座 11 层　100038）
网　　址：www.E-mp.com.cn
电　　话：(010) 51915602
印　　刷：唐山玺诚印务有限公司
经　　销：新华书店
开　　本：720mm×1000mm/16
印　　张：10
字　　数：174 千字
版　　次：2023 年 6 月第 1 版　　2023 年 6 月第 1 次印刷
书　　号：ISBN 978-7-5096-9031-4
定　　价：88.00 元

前　言

　　本书以经济全球化为背景，分析了过去的半个世纪中企业社会责任治理在全球层面经历的两次重要变迁，并探讨了全球供应链在变迁中所起的作用。第一次变迁的大背景是 20 世纪 70 年代随着经济全球化不断深化，全球供应链逐渐形成。面对跨国度、跨经济体系、跨政治体制的全球供应链，国家的运作能力，包括制定规则、监测和执行的能力都被削弱，以国家为主体、通过国内立法进行企业社会责任治理的体系受到了挑战。于是，跨国公司、行业协会、非政府组织以及国际组织等主体纷纷登场，出台各类软法机制推动跨国公司进行企业社会责任治理。这一时期特别突出的是由跨国公司、行业协会及非政府组织进行的跨国私人规制兴起，其制定准则、治理与执行都与政府主导的公权力无关。由此，全球层面出现了多主体、多层次的企业社会责任治理机制。可以说，正是全球供应链的生成诱发了企业社会责任全球治理的第一次变迁。如今，第二次变迁正在发生，其主要表现是一些发达国家已经出台或正在酝酿出台强制性的供应链尽责管理法规，要求本国甚至外国大型企业建立供应链尽责管理制度，减轻、消除供应链给劳工、环境、气候造成的影响。这方面典型的例子是 2017 年法国颁布的《企业警戒责任法》以及德国于 2023 年 1 月生效的《企业供应链尽责管理法》（通常也译作《企业供应链尽职调查法案》）。2022 年 2 月，欧盟委员会也提出了关于企业可持续发展尽职调查指令的提案，标志着欧盟范围内首个具有约束力的、覆盖面宽泛的供应链人权与环境保障规范正式启动立法程序。上述立法彰显出两个重要趋势：一是国家（主要是发达国家）呈现积极回归全球供应链治理的趋势；二是企业社会责任的全球治理机制正在从软法治理向供应链尽责硬法规制的方向发展。在第二次变迁中，全球供应链成为企业社会责任治理的关键场域，并成为民族国家对全球经济体系进行治理的杠杆。

20世纪90年代，著名的国际政治经济学家苏珊·斯特兰奇在《权力流散：世界经济中的国家与非国家权威》（以下简称《权力流散》）一书中指出，政府间、国家和次国家权威再加上各种非国家权威之间形成了一种复杂的连锁互动交易模式，国际政治经济学家的任务就是试图去解开任一领域中存在的由相互交叠、共生互动抑或相互冲突着的权威所构成的复杂网络。本书正是循着斯特兰奇的指引，在企业社会责任全球治理领域对她所提出的问题进行的探索。在《权力流散》写就的当时，斯特兰奇观察到，"社会和经济之上的权威在经历了权威逐渐集中于国家体制的两三个世纪后，正经历着又一个流散时期"。斯特兰奇所说的"权力流散"是指权力从国家的公共机构转向各种各样的私人实体，从国家转向了市场及市场操作者。20余年后的今天，不同的趋势已清晰浮现，国家正在积极回归，通过管辖大型跨国公司来规训跨国私人规制体系，推动企业社会责任域外治理。借用斯特兰奇的说法，或许可以说国家正在借全球供应链"收复"流散的权力。虽然法国《企业警戒责任法》和德国《企业供应链尽责管理法》只是国内法，并且只适用于少数大型企业，但这些大型企业是全球供应链网络的关键节点，这些企业受到其国内立法强制性规定的压力后，会根据立法的要求围绕人权、环境问题建立有效的自监管以及供应链内部监管，通过合同、行为守则等安排将其法定义务在供应链范围内进行传导，导致供应链上下游的企业被纳入该法的"间接"适用范围。如此一来，这些国内立法也就产生了事实上的域外效果，其国家标准会扩散到供应链网络中，对全球供应链治理产生深远影响。在第二次企业社会责任治理变迁中，正是全球供应链为"既关心政治又关心经济的国家"提供了杠杆，使后者得以扩大其跨国影响。以法国的《企业警戒责任法》为例，虽然该法仅适用于法定所在地为法国的公司，适用对象数量不到200家（连同其法国直接和间接子公司在内雇员达5000人以上，或连同其法国和外国直接和间接子公司在内雇员在10000人以上的公司），但这些大型企业在全球供应链中的核心枢纽地位导致《企业警戒责任法》的影响扩大到了数百倍数量的企业，而且随着时间的推移，其覆盖面将继续扩大。出台此类立法的国家由此获得了斯特兰奇所说的结构性权力，即"决定办事方法的权力"，能够限制大量并不属于其管辖范围的全球生产企业的选择。

针对近几年一些发达国家利用全球供应链尽责管理进行企业社会责任治理的做法，本书认为，这一做法或有助于改进供应链上的企业社会责任表现，但从全球角度来看，并不能真正解决经济全球化背景下的企业社会责任难题。其根本原因在于，这种治理模式未能正视全球供应链中供应链主导企业与供应商之间的贡献与收益错位、目标与内容错位的客观现实，只是在现有供应链治理结构上叠加了硬法的监督和制裁，而没有从根源上解决矛盾。全球供应链企业社会责任贡献与收益倒挂这一根本矛盾如果得不到解决，叠加的监督制裁并不能缓解发展中国家面对的治理能力不足和成本负担过重问题，甚至会恶化发展中国家的企业特别是小企业的处境，这些企业很可能因为上述国内立法被逐出全球供应链这一全球经济中有价值的竞争性资产。因此，对于全球供应链中的企业社会责任这个全球性问题，我们真正需要的是一个全球性的解决办法。各国应正视发达国家与发展中国家、供应链主导企业与链条上其他企业在谈判能力、利益与社会责任分配方面的高度不对称性，正视主体间贡献与收益错位的现实并切实加以改进，推动建立更完善的供应链社会责任治理模式。在这套治理模式中，不应只有监督和制裁机制，还应建立协助机制与激励机制，以切实提升供应链上企业履行社会责任的动力。

对于已深度融入全球供应链的中国企业来说，必须认识到传统国际贸易格局在改变，竞争规则与竞争模式也在改变。如今，市场竞争已经成为供应链与供应链之间的竞争，企业社会责任也已经延伸扩大至供应链链条的上下游企业，社会责任表现逐渐成为衡量供应链竞争力和优势的重要标准。企业应深刻理解相关立法的发展动向、深层动因及其可能带来的挑战，不仅要完善合规体系建设，更要增强社会责任意识，变被动为主动，唯有如此才能保持在全球供应链中的竞争力。

目　录

第一篇　20世纪70年代：当代企业社会责任治理的第一次重大变迁

第一章　第一次变迁的背景及动因 ··· 3

　　第一节　20世纪70年代之前：以国内规制为主的企业社会
　　　　　　责任治理 ··· 3

　　第二节　全球供应链的形成与传统治理体系面临的挑战 ············· 5

第二章　第一次变迁后全球层面的企业社会责任治理图景 ············· 12

　　第一节　政府间国际组织推动的企业社会责任治理 ················· 12

　　第二节　企业社会责任的跨国私人规制 ··························· 15

第三章　第一次变迁后全球多层次治理机制的效果 ··················· 38

　　第一节　政府间国际组织的企业社会责任治理：优缺点及效果评估 ······ 38

　　第二节　跨国私人规制的企业社会责任治理：优缺点及效果评估 ······ 41

　　结语　全球供应链诱发的企业社会责任治理变迁 ··················· 54

第二篇 21世纪第二个十年：当代企业社会责任治理的第二次重大变迁

第四章 第二次变迁：国家的"回归"及以全球供应链为杠杆的
　　　　硬法治理 ·· 59

　　第一节 国家通过硬法"回归"企业社会责任治理 ··············· 59
　　第二节 以全球供应链为杠杆的反身法治理 ······················· 65
　　第三节 第二次变迁的背景和动因 ·································· 74

第五章 第二次变迁中全球供应链的杠杆作用 ······················· 79

　　第一节 全球供应链与跨国公司母国法的域外效力 ··············· 79
　　第二节 全球供应链网络内部的不对称权力及主导企业的治理工具 ····· 81

第六章 第二次变迁后全球供应链治理的权力图景 ············· 96

　　第一节 基本概念 ·· 96
　　第二节 全球供应链治理中的权力——一个概念史的考察 ····· 102
　　第三节 全球供应链治理中的国家 ·································· 110

第七章 第二次治理变迁的影响评价 ······························· 124

　　第一节 主导企业为主的全球供应链企业社会责任治理
　　　　　　——两个错位 ·································· 124
　　第二节 对发展中国家和发达国家的影响 ······················· 128
　　结语 推动更完善的企业社会责任治理 ······················· 131

参考文献 ·· 138

第一篇

20世纪70年代：当代企业
社会责任治理的第一次重大变迁

人们早就已经意识到，一味追求利润最大化的企业活动会给社会造成许多负面影响，如环境恶化、越发恶劣的工作条件等。在过去的半个多世纪里，广为人知的此类事件许多都与跨国公司有关，典型的有耐克公司的"血汗工厂"事件，荷兰皇家壳牌石油分公司在尼日尔河三角洲地区造成的土地和水源污染事故，美国联合碳化物印度分公司在印度博帕尔造成的毒气泄漏事故更是导致了2.5万人直接致死、20多万人永久残废的人间惨剧。20世纪最重要的社会科学家之一卡尔·波兰尼（Karl Polanyi）在他的巨著《大转型——我们时代的政治与经济起源》中对放任的自由市场主义及其造成的负面后果提出了批评。他对市场与社会关系的反思至今发人深省——资本主义经济总是在释放市场力量和保护社会这两极之间做钟摆运动，人们应警惕市场"脱嵌"，避免市场逻辑无限扩张、大行其道，最终不仅主导物质资料的再生产，还反过来"挟持"国家、号令整体社会。当市场主导了社会的生产与再生产，社会因此会陷入被宰制甚至被吞没的境地，普通人会被迫承担高昂的代价，脱嵌的自发调节的市场经济会摧毁人类，将其生存环境变成荒野。反过来，"嵌入"的市场就意味着要为防范市场可能造成的掠夺而创造社会保护机制。企业社会责任运动和企业社会责任治理正是朝着这一方向进行的努力。20世纪八九十年代蓬勃发展的企业社会责任运动代表着对经济全球化加以治理的力量，试图纠正因企业过度追求一己私利而带来的各种社会问题，实现企业私利和社会利益之间的某种平衡。① 它提醒企业，除了寻求商业利益，还应对员工、商业伙伴、社区等利益相关方的利益负责；除了提供产品和服务，企业还应服务社会，回应社会的期望。

企业社会责任（Corporate Social Responsibility）的概念最早是由英国学者欧利文·谢尔顿（Oliver Sheldon）于1924年提出的，他认为企业应当承担满足产业内外各种人类需要的公共责任。② 1953年，霍华德·鲍恩（H R Bowen）在《商人的社会责任》一书中，将社会责任定义为"商人的义务与责任，即商人具有按照社会的目标和价值观去确定政策、做出决策和采取行动的义务"。③ 从历史发展的角度来看，企业社会责任的发展经历了四个阶段：工业革命时期、大萧条时期、第二次世界大战后以及全球化发展时期。④ 在不同的历史阶段，问题的动因、表现与社会应对方案均有所不同。本书关注的是20世纪70年代以来，在经济全球化进程加速以及全球供应链背景下产生的现代企业社会责任的全球治理。本书将聚焦过去半个世纪中全球层面企业社会责任治理发生的两次重要变迁，并着重讨论国家以及全球供应链在这两次变迁中的角色和作用。

---

① 黄志雄. 企业社会责任的国际法问题研究［J］. 武大国际法评论，2009，9（1）：104-129.

② Sheldon O. The Social Responsibility of Management［M］. London：Sir Isaac Pitman and Sons Ltd.，1924：231.

③ Bowen H R. Social Responsibilities of the Businessman［M］. New York：Harper & Row，1953.

④ Laidlaw E B. Regulating Speech in Cyberspace：Gatekeepers，Human Rights and Corporate Responsibility［M］. Cambridge：Cambridge University Press，2015：62.

第一章 第一次变迁的背景及动因

第一节 20世纪70年代之前：以国内规制
为主的企业社会责任治理

在20世纪70年代之前，经济全球化尚未发生。针对企业在生产过程中给社会、环境、劳工造成的不利影响，主要是由国家通过国内法进行治理。具体说来，国家出台劳动法、消费者保护法、环境保护法等国内立法对企业进行规制。

以劳工权益为例，回顾工业革命的发生地英国的历史，不难看到工业革命的光环背后有着难以被人提及的悲惨事实：大量的工人被束缚在机器上，雇主出于利益考虑不肯为改善工作环境做出努力，工厂的工作条件极其恶劣，工人的安全与健康难以得到保障。因圈地运动而失去土地的农村人口大量涌入城市艰难地寻找工作、生存的机会，他们的子女也因生活无着落而沦为流浪儿童。这些流浪儿童成为棉纺厂"最低级的廉价劳动力"，劳动强度极大，工作环境恶劣，收入微薄。为此，英国议会早在1833年就通过了世界上第一部《工厂法》，对工人的劳动安全、卫生与福利作了规定，建立了检查员制度，制定了工作时间和政府干预的规则。这部《工厂法》宣告了将工人视为"廉价劳动力"的中世纪式野蛮生产方式的终结。在之后的一个多世纪里，伴随着生产现代化、机械化、大型化，大工业化时代的英国在发展经济的同时也付出了惨痛的代价，1952年伦敦烟雾事件作为严重的工业污染事件震惊世界，工伤事故和职业病发生率大幅增加，严重侵害了劳动者的生命与健康权益，激起了工会运动和社会的强烈谴责。为此，英国于 1974 年出台了《职业安全与健康法》。该法案的出台时间虽晚于美、日等国，却是当时世界上最全面、最严谨的法案，其中强调了雇主的责任，要求雇主在合理、可行范围内确保雇员在工作中的健康、安全和福利，包括工作设施的安全和生产物品使用、装卸、贮存、运输的安全。雇主还被要求制定安全卫生规章并就规章的执行情况编写报告，雇员对该报告有知情权，雇主有责任与雇员安全代表合作以确保安全卫生措施的执行效果。德国也是较早在立法中贯彻公司社会责任理念的国家。1919 年《魏玛宪法》第 153 条规定，"所有权包含义务，于其行使，应同时顾及公共利益"。1937 年德国的《股份公司法》明确规定："董事必须追求股东的利益、公司雇员的利益和公共利益。"德国公司社会责任的法治化进程中影响最大、实践最成功的是职工参与制度。根据德国的《煤钢共同决定法》（1951 年）、《企业宪法》（1952 年）、《共同决定法》（1976 年）等法律，煤炭、钢铁企业或者具备一定规模的公司中，监事会应由资方代表、劳方代表和"中立的"成员组成，公司的董事会中须有一名"工人委员"即劳方董事；在监事会中劳资双方的代表名额应当相等。德国的职工参与制体现了公司社会责任的主旨，表明劳动者作为公司的非股东利益相关者受到了平等的对待。整体而言，在 20 世纪 60 年代，欧洲和美国相沿成习的看法是，保护工人免受其雇主残酷压榨的责任理应由现代国家来承担。这一时期，国家或制定严格的规则确保工人拥有为维护自身利益而组织起来的权利，或倡导劳工利益与管理层和投资者利益平衡，并且每年就价格、薪水及利润进行协商并制定出标准。① 法国是最早在企业社会责任信息披露方面进行立法的欧盟国家。早在 1977 年，法国就出台了第一部与企业社会责任有关的《社会报告法》，此类报告内容偏重员工和社会政策。根据该法，拥有 300 名以上员工的企业必须发布社会责任报告。

在环境方面，随着环境污染引发越来越强烈的关注，一些国家纷纷推出了详尽的环境保护立法。德国于 1972 年颁布了第一部处理废弃物的法律《废弃物处理法》，随后又陆续出台了《控制大气排放法》（1974 年）、《控制水污染排放法》（1976 年），这些法律构成了德国企业环境责任的具体法律制度。在美国，国会于 1969 年通过了综合性的《国家环境政策法》，确立了环境影响评价制度，规定了企业的强制性环境责任，此后的《清洁空气法》《职业安全卫生法》《资源保

---

① 苏珊·斯特兰奇.权力流散：世界经济中的国家与非国家权威［M］.北京：北京大学出版社，2005：51.

护与回收法》和《联邦水污染控制法》等法律则进一步明确了企业的环境责任范围和环境义务。

综上所述，在 20 世纪 70 年代之前，针对企业在生产过程中给社会、环境、劳工造成的不利影响，企业社会责任治理的主体是国家，主要治理手段是国内立法。这些法律涵盖了环境、劳工保护等方面，要求企业承担起相应的社会责任。然而，这一图景随着 20 世纪 70 年代经济全球化以及全球供应链的形成而发生了深刻的变化。

第二节　全球供应链的形成与
传统治理体系面临的挑战

20 世纪 70 年代兴起的经济全球化突出表现为资本全球化、市场全球化以及贸易规则全球化。随着全球技术进步、现代交通和通信基础设施日趋发达、贸易和投资壁垒不断下降，美欧等发达国家的跨国公司为降低成本并在全球市场获得竞争优势，纷纷将生产"外包"转移到其他经济体开展"离岸"业务，使得生产过程越来越多地分解并分散到全球不同地理位置。发展中国家承接了上述业务，成为发达国家产业转移、供应链布局的重要基地。随着跨国公司将原料生产、半成品生产、零部件加工、成品组装、包装和发运销售分别安排在许多不同的国家和地区，全球供应链体系逐渐形成。全球供应链是围绕主导企业的，通过对物流、信息流和资金流的控制，将供应商、制造商、分销商、零售商以及最终用户连成一个整体的功能网络。国际政治经济学家苏珊·斯特兰奇这样描述这一变化——"有这样一种变革，对国家间最高层次上的政治产生着超过其他所有变革的影响，同时又对全世界的个人生活选择产生着影响，这种变革就是发生在世界经济生产结构中的变革。也就是说，发生在生产什么产品和服务、如何生产、在何处生产以及由谁生产等这些事务中的变革。这种变革并不是通常所说的多国公司的兴起，而是指这样的变革，从主要为某一个地方或民族市场而设计和定制的生产，变成主要为一个世界性市场而设计和预定生产，或者至少是为几个民族而生产。总之，它不是指企业变成了多国企业，而是指市场的变革。为更大的世界市场而生产，将无数个民族的或地方的企业转变成了跨国企业"。①

对于传统的以国家为主体、通过国内立法进行企业责任规制的体系来说，全球供应链带来了全新的挑战。全球供应链的影响力和权威都远远超出了单一国家的疆界，面对这一跨国度、跨经济体系、跨政治体制的全球生产网络，国家普遍存在规制能力不足或规制意愿不足的尴尬。一方面，在跨国背景下，国家缺乏关于外国商业活动及其影响的信息和专业知识，其制定规则、监测和执行的能力都被削弱。此外，即使国家有意进行域外规制，对这一做法也存在很大的争论，它或被视为变相的保护主义，或被批评为一国试图将自身标准强加于他国。围绕域外规制的争论表明，国家法律权威的范围尚不清楚，至少国际社会未能对此达成共识。② 另一方面，20 世纪 80 年代，在新自由主义思潮影响下，各国呈现去规制化的趋势，发达国家和发展中国家均普遍转向以市场为基础的政策，放弃国家干预。随着生产要素跨国流动增多和国际经济竞争加剧，在双边和多边层面上进行贸易投资自由化日益成为国家政策的主流。据统计，在世纪之交的 2001 年，有 71 个国家对其外国直接投资法律进行了 208 项修改，其中 90% 以上的修改旨在使投资环境更加有利于吸引外国直接投资。③ 承接外包生产的发展中国家要么没有健全的法律规定，要么缺乏有效的执行，或因严重依赖外资而不愿开罪于跨国公司，有些发展中国家甚至降低企业社会责任标准来营造吸引资本的投资环境。作为跨国公司母国的发达国家为了免于使本国公司在与其他国家企业的竞争中处于不利地位，也常常不愿意通过域外立法对本国公司有悖社会责任的行为加以规制。这方面一个典型的例子发生在民主刚果，自 20 世纪末以来，在民主刚果持续的战争和武装冲突中，很多跨国公司为争夺资源开采而参与了侵犯人权、破坏环境的活动，却从未在该国或其母国受到任何惩处。

与国家普遍存在的规制能力或规制意愿不足同时出现的情况是，世界市场及其中活动着的企业的权威不断增加。这一现象被斯特兰奇称为"权力的流散"——由于世界性生产结构的变革，在全球层面出现了由国家向市场的权力转

---

① 苏珊·斯特兰奇. 权力流散：世界经济中的国家与非国家权威［M］. 北京：北京大学出版社，2005：37.

② Abbott K，Snidal D. The Governance Triangle：Regulatory Standards Institutions and the Shadow of the State［A］//Mattli W，Woods N. The Politics of Global Regulation［M］. Princeton：Princeton University Press，2009.

③ 黄志雄. 企业社会责任的国际法问题研究［J］. 武大国际法评论，2009，9（1）：104-129.

移，跨国公司及其所建立和操纵的网络的权力和影响均得以增大。① 领土国家丧失了它们一度拥有的在其疆界之内对商品和服务产出的控制权，在生产、金融以及知识这三种权力结构中，非国家权威对于决定"谁获得什么"起着非常大的作用。社会和经济之上的权威在经历了权威逐渐集中于国家体制的两三个世纪后正经历着又一个流散时期。② 斯特兰奇认为，这是 20 世纪后半叶发生的最大的国际政治经济变革，世界政治的重心在 20 世纪的后 1/4 时间里已经发生了转移，从国家的公共机构转向了各种各样的私人实体，从国家转向了市场及市场操作者。

由国家向市场的权力转移导致了跨国公司政治角色的形成。跨国公司在生产的每一个环节上都很重要，它们既扮演技术或组织创新者的角色，又扮演其他公司商品和服务的消费者的角色，同时还兼为生产者、销售者及雇佣者。如今跨国公司在世界经济中已经成了"核心的组织者"，它们是国际交易活动的驱动力量。"事情已经到了这样的地步——经济决策的权力即决定谁获得什么、何时何地以及如何获得的权力，如今部分转移到了跨国公司手中。"例如，近年来，对劳资关系的管理已经从政府部门的办公室转移到跨国公司的董事会会议室，有关薪水和工作条件的谈判越来越多地在公司内部进行。每当公司要将业务扩展到其他国家时，主要是由管理层来建立某种政治平衡关系，在国内劳工的要求与其国外分公司或合作伙伴的工人的要求之间进行平衡。

值得注意的是，在生产、贸易、投资和金融事务等领域，国家权威向市场权威的转移主要是国家政策造成的。各国政府的权力并非被跨国公司窃占，而是基于"国家的原因"，这种权力才被轻而易举地转移给了跨国公司。③

经济全球化的过程中，由于各个国家和地区的法律与行为标准不一，受逐利性驱动的跨国公司通过外包将企业社会责任转移给其他企业。外包使得跨国公司得以将商品设计、服务与经营和加工环节分离，将对劳工和环境更具有直接影响的加工制造环节外包给发展中国家企业，后者往往位于社会责任标准更低、公众

---

① 苏珊·斯特兰奇. 权力流散：世界经济中的国家与非国家权威［M］. 北京：北京大学出版社，2005：36.

② 苏珊·斯特兰奇. 权力流散：世界经济中的国家与非国家权威［M］. 北京：北京大学出版社，2005：74.

③ 苏珊·斯特兰奇. 权力流散：世界经济中的国家与非国家权威［M］. 北京：北京大学出版社，2005：37.

压力更小的发展中国家。① 如此一来，跨国公司可以按照供应链生产企业所在地的劳动力成本获得产品，在实现了价格优势的同时还免除了劳工和环境风险——供应商所造成的社会影响与跨国公司之间的法律联系被供应商和跨国公司均具有的独立法人地位切断了。处于强势地位的跨国公司在选择供应商时以竞价为交易规则，为降低成本而一味压价，并不考虑供应商的承受能力，使供应商的利润空间越来越小。承接了外包生产业务的加工制造企业只是整个产业链中影响力相对较小或竞争激烈的一部分，在利润微薄的情况下，它们为了生存，往往就冒着社会责任缺失的风险向生态和生命索取利润。与此同时，一再压低采购价格忽视供应商企业社会责任成本的跨国公司却得以利用这种"逐底竞争"来获利。20 世纪 90 年代，以耐克公司为代表的一批知名品牌被代工厂的雇佣童工、超时加班、恶劣劳动条件、低工资等负面新闻所包围，此类"血汗工厂"现象表明，"跨国公司如今像国家一样强大，却不那么负责任，它们只享有权力而不承担责任"。②

综上所述，经济全球化造成了民族国家规制能力及规制意愿与跨国公司的规模和力量之间的结构性不平衡。由于民族国家越来越不愿意也没有能力履行许多规制职能，企业逃避社会责任的行为在国内法上便享有了事实上的豁免权。③ 这就导致经济全球化进程中忽视企业社会责任的情况有增无减，孟加拉国"拉纳广场惨剧"便是一个缩影。孟加拉国是为全球品牌生产廉价服装的最大出口国之一，制衣业年产值达 200 亿美元。孟加拉国首都达卡有许许多多的服装大楼，拉纳广场是其中之一，这栋大楼共有 8 层，楼内有许多独立的服装工厂，包括贝纳通集团、沃尔玛、普利马克等大型品牌的服装生产厂，约 5000 名雇员。2013 年 4 月 24 日上午 9 点左右，几千名来自小镇的制衣工人正在拉纳广场里紧张地工作，伴随着突如其来的一声巨响，拉纳广场在短短几秒内轰然倒塌，造成了 1100 多人死亡的惨案。拉纳广场坍塌事件成为人类现代历史上最严重的工厂事故之一，全球贸易工会（Global Trade Unions）称其为"大规模工业命案"。然而这一悲剧本来是可以避免的——在事发前一天，萨瓦尔镇的官员已经发现该建筑出现

---

① Muller A. Global Versus Local CSR Strategies［J］. European Management, 2006（24）：189-198；Levis J. Adoption of Corporate Social Responsibility Codes by Multinational Companies［J］. Journal of Asian Economics, 2006（17）：50-55.

② Newell P. Environmental NGOs and Globalisation：The Governance of TNCs［A］//Cohen R S. In Global Social Movements［M］. London：Athlone Press, 2000：117-134.

③ Bantekas I. Corporate Social Responsibility in International Law［J］. Boston University International Law Journal, 2004, 22（2）：309-345.

裂缝，并找到这幢楼的建筑施工方和制衣厂业主，但制衣厂业主决定照常开工。在当地执法人员再次要求关闭制衣厂的情况下，业主仍不听警告继续要求工人入厂工作。就这样，建筑方和制衣厂业主的道德沦丧夺走了 1000 多条无辜的生命。这场惨案彻底激怒了孟加拉国达卡郊区的制衣工人，孟加拉国爆发了大规模暴力抗议。"拉纳广场惨剧"发生的根本原因在于，在外包模式下，跨国公司可以不断地转移生产订单以寻求最低成本的生产商和供应商，导致以廉价劳动力为比较优势的发展中国家不得不陷入一场工资和福利的"逐底竞争"之中。由于"内部经济性"高于"社会经济性"，企业倾向于不考虑其社会性成本，生态性企业在竞争中处于不利地位，最终整个社会以及企业自身的可持续发展都受到威胁。[①]

面对跨国公司忽视企业社会责任的情况有增无减的局面，20 世纪 80 年代，在欧美出现了以劳工运动、人权运动、消费者运动、环保运动为背景的企业社会责任运动，跨国公司被要求承担更多社会责任。企业社会责任运动要求企业除了为股东追求利润，还应根据商业道德和相关法律的要求向其他利益相关方承担道义责任和法律义务，包括维护消费者合法权益、对企业雇员劳动权进行保护、同其他竞争者进行公平的市场竞争、保护生态环境、促进社区发展等。20 世纪八九十年代，美国的劳工及人权团体以批评知名品牌为策略推动了反"血汗工厂"运动，成为企业社会责任的重要社会力量。这种策略模式将矛头对准知名品牌，这样不但容易吸引媒体的注意，也容易得到民众的支持。反血汗工厂运动的矛头瞄准了以耐克公司为代表的大型跨国公司。耐克合同化的全球网络生产体系虽然为其带来了丰厚的利润，但是，其代工厂一直被雇佣童工、超时加班、恶劣劳动条件、低工资等负面新闻包围。消费者对这些"血汗工厂"非常愤慨，纷纷抵制其产品。这些知名品牌在饱受批评后纷纷开始建立企业行为守则，要求全球各地的供应商遵守自己订立或是与非政府组织协商制定的劳动及环保规范，并同意接受独立第三方的检查。除了反"血汗工厂"运动，消费者运动也是推动企业社会责任的重要力量，有力促进了全社会对企业履行社会责任的监督。经过国际消费者代表坚持不懈的努力，1985 年，联合国大会通过了《保护消费者准则》，确定了保护消费者的目标和一般原则，明确了消费者的权利和各国政府及企业的责任，规定了消费领域方方面面的行为准则，使企业不得不认真履行社会责任。

[①] 容庆，湛红晖. 全球供应链社会责任运动的发展及对策研究［J］. 改革与战略，2008（10）：180-183.

关于产品安全、服务安全以及产品责任等一系列法律的出台也使消费者在保护自己权益的时候有法可依。推动企业社会责任的另一支重要力量是环境保护运动。工业化进程虽然给人类社会带来了前所未有的繁荣，也给我们赖以生存的自然环境造成了灾难性的影响。企业在自然资源消耗和环境污染方面起了主要作用，但环境问题长期得不到重视。1980 年，国际自然与自然资源保护联盟（世界自然保护联盟）在世界野生生物基金会（后更名为世界自然基金会）、联合国环境规划署、联合国粮食及农业组织的支持下，与 700 余位专家以及 450 多个政府机构和保护组织共同发布了《世界自然资源保护大纲》，提出了"可持续发展"的概念，强调了保护环境的迫切性。1984 年，由挪威政治家布伦特兰夫人任主席的联合国独立委员会——"世界环境与发展委员会"成立。该委员会于 1987 年发表了《我们共同的未来》报告，把"可持续发展"定义为满足当代人的需要而又不损害后代满足其自身需要的能力，提出了地球资源与可持续发展的总体思路。1992 年的《里约环境与发展宣言》提出了一系列保护环境的原则，同年发布的《21 世纪议程》将可持续发展提升为政府的基本职责。在这一系列可持续发展运动的推动下，很多跨国公司将环境保护提升为企业社会责任的重要组成部分，积极尝试将可持续发展的理念转化为企业实践，加大了对保护环境的支持力度，增加了在清洁能源和环保技术方面的投资。可以说，近几十年来的环境保护运动改变了企业对待环境的态度，企业从矢口否认对环境的破坏转而承担起不再危害环境的责任，希望对环境施加积极的影响。

经济全球化背景下的企业社会责任运动是一场由多种力量参与其中、共同推动的社会运动，它首先源自企业之外的力量，包括公众、大众传媒、政府部门、司法机关以及各种性质的社会组织。有人提出，企业社会责任运动是对企业、经济界长久以来自我隔绝于其他社会团体之外的反动。不过，企业社会责任运动的主要代表人物也有不少企业家，他们不满企业不顾一切地追逐利润的短视做法，试图使企业的决策与雇员及他们的家庭、客户、环境和雇主的健康发展保持和谐。在强大的社会压力下，一些知名企业纷纷通过制定生产守则、发表企业社会责任报告等措施表达对其应承担的社会责任的认同。① 随着外国直接投资日益活跃，从发达国家流向发展中国家的跨国投资显著增加，此前主要局限于西方发达国家的企业社会责任运动开始向发展中国家扩散并产生全球性影响。同时，由于

---

① 卢代富. 企业社会责任的经济学和法学分析［M］. 北京：法律出版社，2002：160-164.

企业社会责任的跨境调整问题日益凸显，非政府组织、国家机构以及政府间国际组织等企业外部主体以生产守则、行为指南、宣言、国家立法等形式进行外部监督，全球性协调行动不断开展。1997 年，"社会责任国际"（Social Accountability International，SAI）组织根据《国际劳工组织公约》《世界人权宣言》《儿童权利公约》等国际公约制定了全球第一个企业社会责任的国际标准，即 SA 8000（Social Accountability 8000）标准及其认证体系。这是国际上第一个可用于第三方认证的社会责任国际标准，它的发布标志着企业社会责任运动迈上了一个新台阶。

第二章　第一次变迁后全球层面的企业社会责任治理图景

20 世纪后 30 年间，面对着国家规制能力、规制意愿与跨国公司的规模和力量之间的结构性不平衡，国际层面各类主体如国际组织、行业协会、非政府组织以及跨国公司纷纷发布软法或指导守则，参与到企业社会责任的全球治理进程中。

第一节　政府间国际组织推动的企业社会责任治理

从 20 世纪六七十年代开始，联合国以及国际劳工组织、经济合作与发展组织（以下简称经合组织）等就开始关注跨国公司的活动对社会的影响，并着手制定调整跨国公司的行为规则，希望通过国际法来调整国家与公司的关系。这些国际组织先后推出了一系列宣言、倡议，由此形成的企业社会责任规范普遍没有强制约束力，属于自觉的、鼓励的和自愿的规范，多为原则性规定，少有具体实施细则。

一、《联合国跨国公司行动守则（草案）》和"全球契约"

1974 年，为研究跨国公司对世界发展和国际关系的影响，联合国经济及社会理事会通过决议成立了跨国公司委员会并设立了跨国公司中心。1976 年，联合国跨国公司委员会成立了一个政府间工作组负责拟定《联合国跨国公司行动守则》。该工作组于 1982 年向委员会提交了《联合国跨国公司行动守则（草案）》。然而由于发达国家和发展中国家的严重分歧，草案最终未能成为有约束力的国际条约。

联合国第七任秘书长科菲·安南于1999年1月在瑞士达沃斯世界经济论坛上提出了"全球契约"（Global Compact）计划，并于2000年7月在联合国总部正式成立联合国全球契约组织。"全球契约"被认为是联合国在全球范围内倡导企业履行社会责任的开始，它倡导企业通过自愿性的表率行为遵循人权、劳工以及环境方面的基本原则：①尊重和维护国际公认的各项人权及其在生产中产生的影响；②避免任何漠视与践踏人权的行为，保证企业在工作中尊重和实现人权；③结社自由，通过公认的、有效的集体谈判的形式来实现；④杜绝在雇佣和工作中的歧视行为；⑤彻底消除各种形式的强制性劳动；⑥消灭童工制；⑦应对环境挑战，主动增加对环境所承担的责任，鼓励无害环境技术的发展与推广；⑧推进企业对社会所承担的环保责任的概念；⑨鼓励、发展无污染工业和使用清洁技术；⑩企业应反对各种形式的贪污，包括敲诈、勒索和行贿受贿。"全球契约"提倡建立一种更透明的社会对话渠道，联合企业、政府、社会团体、工人和消费者以上述原则为基础有效推进企业社会责任实现。"全球契约"是一项自愿性的倡议而非管制手段，它不行使警察职能强制推行或评判企业的行为，主要依靠透明度、企业对自身利益的认知以及劳工和市民社会联合采取行动来实现目标。

二、国际劳工组织《关于多国企业和社会政策的三方原则宣言》

在联合国跨国公司委员会开始着手制定《联合国跨国公司行动守则（草案）》时，国际劳工组织已于1977年通过了自愿性的《关于多国企业和社会政策的三方原则宣言》，着重阐明了有关促进就业、机会和待遇平等、培训、工作和生活条件、产业关系等方面的原则，为跨国公司的社会影响这一既敏感又复杂的领域提供政策指导路线。该三方宣言由政府、雇主和工人三方谈判通过，突出了结社自由和集体谈判以及产业关系和社会对话的核心作用。它是国际劳工组织唯一一个就"人人享有体面劳动"为企业提供直接指导的文书，在很长时期内还是联合国体系内唯一获得政府、雇主组织和工人组织共同支持的有关工商业与社会影响的国际文件。1998年，在该宣言的基础上，国际劳工组织又通过了一份《关于工作中基本原则和权利宣言》，特别强调劳工权利的以下四项基本原则：①结社自由和有效承认集体谈判权利；②消除一切形式的强迫劳动或强制劳动；③有效废除童工；④消除就业与职业歧视。不过该宣言没有规定监督和实施机制。

三、经合组织《跨国公司行为准则》

经合组织也围绕跨国企业行为制定了多份文件。其中，经合组织《跨国公司行为准则》（以下简称《OECD 准则》）是 1976 年《经济合作与发展组织关于国际投资与多国企业的宣言》下的四个文件之一。这份经多边商定且获得加入国政府承诺在全球范围内推广的企业责任文件为公司制定了尽责管理的自愿标准。目前加入准则的国家有 46 个（包括 34 个经合组织成员国及 12 个非成员国，欧盟是观察员身份）。与其他国际层面的企业责任文件相比，《OECD 准则》具有几个鲜明的特点：首先，不断更新，自 1976 年通过后，该准则曾多次修改以反映全球负责任商业行为的新变化；其次，该准则获得了参与国的承诺支持；最后，该准则内容全面，其提出的建议共 11 章，确立了多个领域的商业行为原则和标准，涉及环境、就业与劳工关系、人权、信息公开、反腐败、消费者权益、科技、竞争及税收。《OECD 准则》有着独特的执行机制，即国家联络点（National Contact Points，NCP）。准则的加入国有义务设立国家联络点并为联络点开展工作提供充足资源。国家联络点负责举办宣传活动、推广《OECD 准则》、处理咨询、开展调查、提供调解和斡旋平台。国家联络点成了一个政府性质的、非司法程序的申诉机构，为利益相关方搭建讨论平台、提供援助，协助解决不遵守《OECD 准则》的问题。国家联络点是《OECD 准则》区别于其他国际文件的最大特点，使得该准则的执行效果十分突出。正因如此，《OECD 准则》处于全球企业责任问题议程的核心位置，影响力也越来越大。据统计，2000～2015 年，全球超过100 多个国家和地区的国家联络点共处理了 366 件特别申诉问题，2011 年以后增长更快，特别申诉问题量达到 169 件。

政府间国际组织推动企业社会责任方面的能力受到各种因素的制约。例如，由于偏好和信念差异，特别是南北国家之间的偏好和信念大相径庭，国家间谈判成本高昂且充满争议。此外，政府间组织缺乏监督企业执行的能力。由于国家拒绝给予相关的权力或资源，政府间组织的执行能力甚至比国家更为有限。在这样的背景下，公司自规制、行业自律以及非政府组织等多利益相关方参与的私人规制体系发展起来。这些私人规制的发展是对全球层面治理缺陷的回应，反映了对既有规制机制缺陷的思考，提出了改善这些缺陷的新想法。①

第二节　企业社会责任的跨国私人规制

国际层面出现了监管的类型和形式的改变，具体来说，更为依重私人规制，并从行政监察和刑事制裁转向民事诉讼和损害赔偿规则。②

一、跨国私人规制及其特征

无论是跨国公司自规制还是由行业协会、非政府组织进行的企业责任规制都属于跨国私人规制，其制定准则、治理与执行都不依靠公权力。蒂莫西·立顿（Timothy D Lytton）教授认为，早在 19 世纪 80 年代私人规制就已经在国内层面出现，其产生的原因是市场因素。③ 根据世界贸易组织在 2005 年世界贸易报告中的界定，狭义层面的"私人"是指以利益最大化为目标的组织及个人，主要是指企业，广义层面"私人"的概念扩大至不以追求利益为目的的非政府组织等非国家行为体。本书关注的跨国私人规制使用广义层面的"私人"概念，不仅包括公司，也涵盖了非政府组织、行业协会等非国家行为体。

卡法吉（Cafaggi）教授结合全球治理的背景提出了私人规制的概念，认为私人规制包含了一系列由私人实体如公司、非政府组织、具有独立性的专家网络所创设的涉及生活各方面的规则与实践④，这些私人组织通过行使独立规制权，按国际法或国内法授权的方式实现其目的和宗旨。⑤ 巴特利（Bartley）对私人规制的界定更窄，将其概括为由非国家行为体在劳工、环境、人权和其他负责任标准

① Vogel D. The Private Regulation of Global Corporate Conduct ［A］//Mattli W, Woods N. The Politics of Global Regulation ［M］. Princeton：Princeton University Press, 2009.

② Raikes P, Jensen M F, Ponte S. Global Commodity Chain Analysis and the Frenchfiliere Approach：Comparison and Critique ［J］. Economy and Society, 2000, 29（3）：390-417.

③ Lytton T D. Competitive Third-Party Regulation：How Private Certification Can Overcome Constraints that Frustrate Government Regulation ［J］. Theoretical Inquiries in Law, 2014, 15（2）：539-572.

④⑤ Cafaggi F. New Foundations of Transnational Private Regulation ［J］. Journal of Law and Society, 2011, 38（1）：20-49.

领域进行标准编撰，并对企业标准执行情况进行监督和认证的治理机制①，近年来在"血汗工厂"、童工、热带森林砍伐和其他问题领域产生的诸多非政府认证协会是企业社会责任私人规制最重要的形式。本书采用卡法吉教授的更宽意义上的私人规制，即规制主体不仅限于非政府组织和社会团体，还包括企业和行业协会。正如美国学者塞西指出的，跨国公司等非国家行为体影响力的国际化是私人规制产生的原因和标志。② 鲁格教授也指出，跨国公司和全球商业协会明显承担着传统上与公共当局相关的角色，它们有时是与民间社会组织一起承担，但更多的情况下是单独承担。当然，企业自规制与非政府组织参与的民间私人规制在独立性和代表性方面存在较大不同。

综上所述，跨国私人规制具有以下几个特征：

（1）私人性。私人规制是以私人主体为中心的治理机制，主要基于私人实体的权能发挥作用，是全球范围内权力转移的结果和体现，其合法性、治理和执行并非植根于公权力。③ 近些年来私人规制的增长反映了"私营部门的公共角色"的扩大，以及"私人权力在全球治理中的重要性"的增加。④ 私人规制通常在国家周围运作，而非通过国家运作，例如，全球公司守则是"新兴全球公共领域"的私人规制的一部分，它不会取代国家。⑤ 私人规制虽与传统的国家间协调治理的影响机制不同，但其作用范围同样跨越了国界。

（2）自愿性。私人规制是一种非强制性的治理机制，通过私有的、非国家的、以市场为基础的管制架构来管理企业和全球供应网络，其管制标准本质上是自愿性的。私人规制基于软法或私法，而非法律上可执行的标准，违反者通常面临社会或市场的惩罚，而非法律制裁。⑥ 与政府进行的公共规制相比，私人规制

---

① Bartley T. Institutional Emergence in an Era of Globalization：The Rise of Transnational Private Regulation of Labor and Environmental Conditions ［J］. American Journal of Sociology，2007，113（1）：297-351.

② S. P. 塞西. 制定全球标准：跨国企业行为准则创建指南 ［M］. 杜宁，译. 北京：北京大学出版社，2010.

③ Vogel D. The Private Regulation of Global Corporate Conduct ［J］. Business & Society，2010（3）.

④ Haufler V. A Public Role for the Private Sector：Industry Self-Regulation in a Global Economy ［M］. Washington D. C.：Carnegie Endowment for International Peace，2001.

⑤ Ruggie J G. Reconstituting the Global Public Domain-Issues，Actors and Practices ［J］. European Journal of International Relations，2004，19（4）.

⑥ Kirton J，Trebilock M. Introduction：Hard Choices and Soft Law in Sustainable Global Commerce ［A］// Kirton J，Trebilock M. Hard Choices，Soft Law：Voluntary Standards in Global Trade，Environment and Social Governance ［M］. Surrey：Ashgate Publishing，2004：3-33.

缺乏明确的法律体系，其制定的标准和规则也不具有法律强制力，一般通过独立于国家的治理体系和治理手段，采取认证、标签、自愿性规范等形式为企业社会责任提供解决方案。

（3）私人规制的合法性并非由国家权威赋予，而是来自市场中的相关利益群体。私人行动主体获得权威的过程并不依赖于法律规定、民主程序或是国家授予，而是源自一种社会构建。它们本质上是通过社会政治领域、经济领域或技术领域的专业知识，通过国家明示或默示委托或者重复性的社会实践而获得权威性。国家默示委托的成因是国家在相关治理领域的失败和乏力形成了私人权威的作用空间，或是国家允许私人行为体在相关非正式实践中参与治理。因此，私人权威既可以在一定程度上参与公共治理的运作框架，对运作过程和治理实践产生影响，也可以在公共治理未能发挥作用的领域进行实践，实现治理效果。在市场中，产品或服务的生产者、消费者以及相关的产销方通过个人判断和计算决定是否遵从相关的标准或规则，从而赋予私人规制合法性。

（4）私人规制的治理目标具有全面性和独特性。在一系列治理实践中，各种跨国市场主体和非政府组织制定并实施示范条款、行为守则、指导原则、社会标准乃至认证标签，对生产、管理行为进行规范。这其中，规则和标准的制定是最重要的方面。从效能角度来讲，私人权威通过提供人员和信息减少了治理过程中的交换成本，成为全球治理的重要一环。[1]

根据治理主体的不同，卡法吉教授将私人规制分为两类：一类是由行业协会和市场行为体创立的规制体系；另一类是由非政府组织及工会建立的规制体系。[2] 第一类私人规制包含了以下形式：由股东及利益相关者建立的关于私人企业的管制框架、由大型跨国公司建立的有关产品生产和管理的规则体系、由评级机构和会计师事务所设立的针对企业的金融管制等。这类私人规制的核心特点是由企业主导，具有高度的行业自治性质。全球供应链中的主导企业对链条上的其他企业具有一定程度的控制力和引导力，可以制定交易准则对供应链上市场主体的行为进行规范和引导，推动企业社会责任治理，这在本质上体现了从市场合法性向规则制定权的转换。第二类私人规制由企业之外的民间主体如工会和非政府

---

① Neilson J. Global Private Regulation and Value-Chain Restructuring in Indonesian Smallholder Coffee Systems [J]. World Development, 2007, 36 (9): 45.

② Cafaggi F. New Foundations of Transnational Private Regulation [J]. Journal of Law and Society, 2011, 38 (1).

组织创设，常见于跨国劳工和环境方面的规制。

事实上，私人规制是一个包含性很强的概念，其蕴含的治理形式和治理机制纷繁复杂，各种分类标准和方法难免有交叉和重叠的现象。卡法吉教授这种基于规制主体的分类方式有助于理解企业与非政府组织不同的规制动因及可用的规制工具，故本书采用这种分类方法，并将企业对自身及其供应链上企业的规制称为"内部规制"。

二、企业社会责任跨国私人规制兴起的背景

如前所述，历史上对经济活动外部性的规制是政府的任务，如今则由私人规制采用非国家的或基于市场的规制框架来管理。过去 20 年，全球层面见证了"私人规制"的爆发，大量管理环境、劳工、健康、产品安全等事务的私人标准出台，公司、行业协会和非政府组织颁布了为数众多的行为守则以及"绿色"和"公平贸易"标签，私人规制可谓无处不在。定义"负责任""可持续"商业行为标准的私人规制涵盖了许多行业和国际贸易商品，包括林业、渔业、化学制品、计算机、服装、地毯、咖啡、可可、棕榈油、钻石、黄金、玩具、矿产、能源、旅游、金融服务和运动器材等。[1] 律师花费大量时间为公司客户提供关于如何遵守私人标准的建议。据估算，美国公司每年花费超过 5 亿美元用于与商业交易相关的私人规制环境调查，这一数字甚至超过了美国国家环境保护局（EPA）在该项调查上的年度预算。[2] 与传统的政府规制相比，私人规制体系更加多样化，也更加"混乱"，它们往往涉及多个利益相关方。在环境保护、社区促进、消费者保护、产品质量与安全、劳工保护、反腐败等领域，一方面，越来越多的具有强大市场影响力的企业尤其是大型跨国公司制定了行为守则，用以指引、约束和监督各国分支机构、商业伙伴、供应链企业；另一方面，行业协会、商会等企业网络以及非政府组织也出台了各类行为守则以指引、约束和监督企业社会责任活动。[3] 如今已有超过 250 个行业或产品规范，几乎都涉及劳工或环境实践。[4]

---

① Gereffi G, et al. The NGO-Industrial Complex [J]. Foreign Policy, 2001 (8): 56-65; Kolk A, Tulder R. Setting New Global Rules? TNCs and Codes of Conduct [J]. Transnational Corporations, 2005, 14 (3): 1-27.

② Vandenbergh M P. Private Environmental Governance [J]. Cornell Law Review, 2013 (1): 129-199.

③ 王彦志. 跨国民间法初探——以全球经济的私人规制为视角 [J]. 民间法, 2012 (1): 394-409.

④ Vogel D. The Private Regulation of Global Corporate Conduct [J]. Business & Society, 2010 (3).

3000 多家全球公司定期发布关于社会和环境实践的报告。许多部门和产品都受多个行为守则管理。新兴的私人规制系统包括一众标准制定者、层层的监督和执行系统以及彼此竞争的激励体系，超越了过去政府规定的固定规则和标准、政府监督执行及司法程序。[①] 传统的公共规制利用国家制裁来执行相关标准，私人规制则主要依赖市场制裁，体现在企业间的采购决策或非政府组织推动的消费者运动中。私人规制从侧面为政府治理提供辅助支持，通常建立在软约束基础上，与官方的硬约束与强制方式形成互补。

私人规制兴起的背景是传统国家中心治理模式的"治理赤字"不断凸显。随着全球化的深入，全球贸易的范围和强度不断升级，对传统治理体系提出了复杂的挑战。诸多领域的治理对专业知识储备和治理成本控制都提出了更高的要求，建立在单一民族国家基础上的公共治理体系不足以管理日益分散和自由的全球经济，以主权国家为中心的企业责任治理模式逐渐力不从心。此外，国家治理具有高度的政治性，根深蒂固的南北矛盾常常导致国家间治理谈判的低效甚至破产，跟不上新兴治理问题，甚至出现治理僵局。在气候、环境和社会等领域，传统治理机制的僵化和低效越发明显。经济、生态环境、资源、信息科技、恐怖主义、跨国犯罪等非传统安全问题超出了国家的控制范围，对世界的影响不断上升。随着权力从国家向非国家行为体扩散，市场的重要性不断提高，以市场为基础的行为体开始填补空缺，发挥自身在全球治理中的独特优势。[②] 以食品安全为例，随着食品生产、贸易和消费的全球化，食品供应链较长且涉及国内外不同的企业体制与公共规制体系。仅由各国就其境内的食品展开规制难以保证全球食品的安全，单个国家无法从容应对全球性食品事件，于是食品安全私人标准应运而生。此类标准由非政府机构甚至是某个企业为满足自身产品品质需求而制定，用于规范企业或商业团体的产品质量。这种跨国企业自发、逐步发展执行的食品安全私人标准虽然不具备法律约束力，但发挥了事实上的约束力，业已贯穿整个全球食品供应链，通过生产者与零售商的合同关系起到了规制全球食品市场的作用。可见，跨国私人规制中，规制权力从国家层面转向国际层面、从公共层面转

---

① O' Rourke D. Outsourcing Regulation: Analyzing Nongovernmental Systems of Labor Standards and Monitoring [J]. The Policy Studies Journal, 2003, 31 (1).

② 伊恩·布雷默. 零国集团时代——谁是新世界格局中的赢家和输家 [M]. 孙建中, 译. 北京: 新华出版社, 2012: 4.

向私人层面，实现了规制的多元治理。①

无论是行业协会守则的第三方认证，还是 SA 8000 的出台，背后都有非政府组织活跃的身影。在各种非政府组织和劳工团体的努力下，私人规制变得更加普遍，全行业行为守则激增，也变得更加透明。② 非政府组织的目的各有不同，大多数是为了推广其成员的政治理念或实现其社会目标。常见的非政府组织包括环境保护组织、人权团体、照顾弱势群体的社会福利团体、学术团体、消费者团体等。20 世纪 40 年代至 60 年代，非国家行为体在国际政治中的影响力微乎其微，其兴起和活跃与 20 世纪后半叶的社会背景密切相关。随着经济全球化的扩展深化，技术、生产、贸易和金融的全球流通逐渐发展，各国在政治、经济、环境、安全等方面的相互依存前所未有地加强，一些关系人类命运的全球性问题如环境与资源被提到紧迫的议事日程上，然而传统国家中心主义的国家法和国际法的治理模式越来越难以有效应对全球经济治理的挑战，这就使非政府组织作为新的行为体参与国际事务、协助解决各种全球性问题具有了必要性。此外，现代化的通信技术特别是互联网等"即时通信"手段的普及使非政府组织拥有更便利的发挥作用的手段，其收集和散发信息、扩大舆论影响力的行动能力大为加强，全球市民社会迅速兴起，在全球事务中的作用也越来越明显。美国《芝加哥论坛报》的一名记者对此有生动的描绘：进入国际舞台的非政府组织有些规模很大，一些非政府组织的预算比联合国官方组织的预算还多；然而大多数非政府组织规模较小，只不过有两名经济学家和一个文件柜，"但是他们都有电脑，都能熟练地利用互联网组成可以施展力量的联盟"。③ 非政府组织的行动能力源自它们能同一定范围内的基层民众建立联系并拥有信息收集手段和舆论影响力。

在上述背景下，世界政治领域出现了一些实质性的转变：第一，除了政府及国际组织，在许多领域还出现了纯粹的私人组合或公共部门—私人部门组合形式的权威。第二，占主导地位的公司、政府与民间社会组织之间的关系从对抗状态渐渐发展成伙伴关系的互动模式。第三，合作越来越制度化，在一些领域产生了有效的社会管理实践。如今，包括非营利性组织在内的非国家私人主体制定社会

① 高秦伟. 跨国私人规制与全球行政法的发展——以食品安全私人标准为例 [J]. 当代法学, 2016 (5).

② Kolk A, Tulder R. Setting New Global Rules? TNCs and Codes of Conduct [J]. Transnational Corporations, 2005, 14 (3): 1-27.

③ R. C. 朗沃思. 全球非政府组织的发展与益害 [N]. 参考消息, 1999-12-08.

行为规范，并在建立和维护跨国规则方面发挥着越来越重要的作用，甚至成为一种与国家和政府间机构的公共全球治理功能等同的形式。① 非政府组织之所以能在跨国私人规制体系中发挥如此大的作用，与其在制定议程、谈判、监控和执行阶段的能力较强有关，它们善于提升问题和违规行为的可见度，能成功引发公众的反应。非政府组织进行的私人规制更倾向于政治化的方式，常采用曝光的方式迫使品牌可见度高的跨国公司改善其全球供应链企业的社会责任表现。许多非政府组织专门收集和传播信息，其独立性往往使之成为能够从工人和受公司影响的其他人那里收集证词的一方。不少组织拥有强大的规范专业知识，在实践中能比较有效地展示现有规制体系的不足，并争取足够的政治支持来创建新的规制机制。非政府组织还基于市场的规制机制开发了生产商认证、产品标签、第三方审计和信息披露等规制工具，对企业进行审核和检查，对通过的企业发放认证证书。这种企业社会责任认证往往成为跨国公司与其供应商签署订单的附加条件，成为供应商进入国际市场或跨国公司供应链的敲门砖，也是企业达到环保、劳工标准的证明。

现实中，非政府组织不仅对一国管辖范围之内的人权、环保、人道主义等事项施加有力影响，还以跨国环境标准等软法方式直接参与了原本由政府承担的制订和实施法律的职能。非政府组织制定的标准和守则为数众多，其中美国、英国、加拿大、德国等发达国家的非政府组织明显居于主导地位。这些标准和守则的内容可分为三类，有的仅提供一套原则性的企业社会责任指南，有的提供较具体、可操作的企业社会责任自我评估指标，还有的两者兼有。这些外部生产守则引入了独立认证机制、工人及当事方表达意见机制以及对违反守则的补救机制，注重对劳工的赋权。② 环境领域，非政府力量制定的大量示范法、商业惯例和行业标准既可以作为政府间环境法的补充或替代，也可以经国家单独或集体接受而转化为硬法，为国际法提供新的法律渊源。③

---

① Pattberg P. The Institutionalization of Private Governance：How Business and Nonprofit Organizations Agree on Transnational Rules［J］. Governance：An International Journal of Policy，Administration，and Institutions，2005，18（4）：589-610.

② 周霞. 跨国公司社会责任运动的"内部化"——全球治理视角下的市场、公民社会和政府［A］//马骏，侯一麟. 公共管理研究［M］. 上海：格致出版社，2010.

③ 黄志雄. 非政府组织：国际法律秩序中的第三种力量［J］. 法学研究，2003（4）.

三、企业社会责任跨国私人规制的重点领域

随着全球化的深入以及全球市场的扩大和完善，全球治理中涌现了大量的私人规制，在环境领域尤其突出。该领域私人规制的形式多样，从企业单方面的行为标准到行业联合性的行业准则，再到多元利益相关方联合制定的环境或社会标准，不一而足。这类规则和标准的治理范围涵盖了全球范围内的商品生产、流通和销售等各个阶段。全球环境治理领域的私人规制以标准制定和认证为主要形式，大多包含了产品标签和独立第三方审查机制。私人性质的标准认证在森林治理、农业、食品、渔业、服装生产、旅游等诸多领域均有体现，其中以自然资源管理和农业领域最为突出，在气候治理领域也涌现出了具有影响力的认证体系。生态认证标签是环境治理领域私人规制的主要形式，在过去20年间数量不断增加，如今已增至数百个。世界范围内的认证系统中，大部分是由非政府组织通过赋予相关产品和服务认证标签的形式运作，符合标准通过监督认证的企业被允许在市场中使用相关标签进行宣传或销售。

在气候领域，私人规制也不断发展。在2001年美国退出《京都议定书》、世界范围内多边气候协定久久未获得实质性进展的背景下，跨国企业、民间社会组织、城市等行为体开始进行多种形式的治理实验和尝试。碳信息披露项目（Carbon Disclosure Project，CDP，有时也译作碳排放披露项目、碳披露项目）是气候领域私人规制的一个重要尝试。CDP旨在为跨国公司和城市测量、披露、管理和分享环境信息提供一整套规则和制度，借助市场力量激励公司披露其对环境和自然资源的影响，鼓励公司采取减排行动措施，推动市场的低碳化和可持续化发展。CDP主要包含三部分的披露管理：一是战略管理。主要涉及气候治理战略、减排目标与行动、利益相关者沟通等。其中，企业为应对气候变化所设立的相应机构、行动计划和激励机制是CDP关注的重点。二是风险机遇管理。其中包括政策变化和物理变化的风险与机遇。三是排放管理。主要披露具体的核算办法、排放数据、能源支出及其占运营成本的比重、能源消耗类型和消耗量、排放绩效（排放历史和排放强度）等。CDP致力于为大型企业提供一个衡量和披露温室气体排放与气候变化应对战略的执行性框架，对企业的碳信息披露质量进行评估，在此基础上出具信息披露报告。CDP不仅可以为报告信息的使用者提供获取企业生产经营信息的可靠渠道，还为企业获取减排思路和方法提供了信息

交流平台。① 在食品生产和加工领域，私人规制的适用也越来越广泛。卫生与植物卫生措施委员会（SPS委员会）的统计结果显示，食品安全领域的私人规制多达数百项，不仅涵盖食品的质量安全和生产规则，还涉及劳工标准、环境标准及其他相关规则。② 在劳工领域，美国和欧洲的非政府劳工监管计划主要有公平劳工协会（FLA）、环球服装生产社会责任、社会责任国际标准体系（SA 8000）、英国道德贸易组织、公平服装基金会（FWF）等。对品牌敏感的公司会加入非政府倡议，或创建自己的行为准则和监督计划，以回应来自社会活动家的压力和要求。在企业看来，这些私人行为守则和监测系统较之传统的监管制度的优势在于，它们是建立在当代全球化的一些核心组织原则上，如外包生产、监控和持续改进，因此能够推进一种可以与商业战略兼容的监管形式。发展中国家的供应商企业也越来越多地认识到，遵守新的劳工标准是进入全球供应链的先决条件，满足这些新标准意味着更大的市场准入、与全球买家更紧密的联系，在某些情况下还会获得价格溢价。③

四、跨国私人规制的关键环节

一些学者认为，全球价值链有三个治理领域：一是制定规则或标准，即"立法治理"；二是实施规则，即"执行治理"；三是监督和制裁违规，即"司法治理"。④ 为实现规制目标，跨国私人规制体系建立了严格的和可执行的规则来改善环境和社会外部性。进行有益于社会环境的活动、改善环境绩效是代价高昂的，因此需要具有控制能力的机构和制度来确保规则的执行和遵守。⑤ 如果没有规制性的规则且缺乏合规监管和合理的激励政策，行动主体就会疏于遵守它们，最终导致治理机制无效。有学者将其表述为跨国私人规制体系的控制逻辑，这套

① Arcuri A. The Transformation of Organic Regulation：The Ambiguous Effects of Publicization ［J］. Regulation & Governance，2015，9（2）.

② Cafaggi F，Pistor K. Regulatory Capabilities：A Normative Framework for Assessing the Distributional Effects of Regulation ［J］. Regulation & Governance，2015，9（2）：23-25.

③ O'Rourke D. Outsourcing Regulation：Analyzing Nongovernmental Systems of Labor Standards and Monitoring ［J］. The Policy Studies Journal，2003，31（1）.

④ Davis D，Kaplinsky R，Morris M. Rents，Power and Governance in Global Value Chains ［J］. Journal of World-Systems Research，2018，24（1）：43-71.

⑤ 刘菁元. 全球治理中私人规制的行为逻辑研究 ［D］. 北京：外交学院，2021.

逻辑以新制度理论为基底，突出了机会主义、"搭便车"和集体行动的实现等问题。① 在控制逻辑下，私人规制通过规则制定、独立认证机制、资格认定机制和产品追踪制度对相关行为体的行为进行规范和监督，以实现治理效果。其中，明确的、非自由裁量的标准是控制逻辑的基础，认证则提供了进一步的控制工具，私人规制通过与外部组织签约，授权相关机构进行资格认证，再由独立认证机构按照标准进行评估和鉴定。除制定标准外，私人规制通常采用的基于市场的监管机制包括生产商认证、产品标签、第三方审计和信息披露。

（一）标准

标准属于上文提到的立法治理范畴。标准设定了参与全球供应链的规则和条件，日益成为影响生产商全球市场参与能力和全球供应链中定位的重要因素。世界贸易组织将标准定义为："经公认机构批准的、规定非强制性执行的、可供通用或重复使用的产品或相关工艺和生产方法的规则、指南或特性的文件。"此类文件还包括适用于产品、工艺或生产方法的专门术语、符号、包装、标志或标签要求。标准与各种认证标志都有很强的信号功能，当难以用物理维度描述一个复杂商品的质量状况时，通过标准可以评估产品或服务的性能、技术和物理特性，以及生产或交付的过程和条件。

现代标准化体系的起源可以追溯到 19 世纪后半叶。标准化的过程是不断增长的劳动分工和大规模生产的核心和必要组成部分，20 世纪的大部分时间里，在标准基础上进行的大规模生产支撑了工业增长。回顾全球生产和贸易中标准的历史，第二次世界大战之后，越来越多的标准被引入管理世界贸易，标准的种类、复杂性和发布速度都在迅速增加。

1. 标准制定者

制定标准是私人规制最典型的作用方式，也是其实现治理效用的重要工具。② 虽然私人规制的标准不具有强制约束力，但其具有事实上的强制性使之能满足全球治理的需求。私人规制中的标准有以下几种形式：公司或行业协会的自律守则、非政府组织推出并由公司自愿采用的标准、多方利益相关者（企业、非

① Midgley, Louis C, Olson M. The Logic of Collective Action: Public Goods and the Theory of Groups [J]. The Western Political Quarterly, 1969, 22 (1): 233-234; Ostrom E. Governing the Commons: The Evolution of Institutions for Collective Action [M]. New York: Cambridge University Press, 1990.

② Botosan C, Koonce L, Stephen G, et al. Accounting for Liabilities: Conceptual Issues, Standard Setting, and Evidence from Academic Research [J]. Accounting Horizons, 2005 (19): 159-186.

政府组织和国家组成各种组合）推出的行为准则。

有学者将标准与全球供应链问题联系起来[1]，讨论行业主体在制定及采用私人标准方面的作用和影响。在全球供应链中，一些标准是由链条主导企业制定，如管理库存和质量的标准。这些标准在性质上是私人的，但具有事实上的约束力，其目的是确保供应商遵守客户需求。此类标准会影响整个供应链的竞争。供应链中另一些标准是由链条之外的机构如民间组织来制定的，如绿色标准、公平贸易标准和童工标准。近年来出现的混合治理模式中，常见公共机构和私人机构共同制定标准。

在许多领域，标准的主要驱动力来自全球供应链中的主导企业。标准可以成为加强供应链协调和控制的手段，主导企业可以利用标准促进组件供应的模块化，提升供应链并促进供应商之间的竞争。[2] 以日本丰田生产系统为模型的私营部门标准密集型组织范式在制造业和服务业得到了广泛的传播。当客户越来越多地寻求更多差异化和更高质量的产品，丰田公司发现，只有灵活的制造组织才能低成本地实现这一目标，而这种组织需要低库存和源头质量零缺陷的部件。为此，丰田生产系统要求公司及其一级供应商与各自的供应商积极合作，以满足"质量、成本和交付"标准，即QCD标准。丰田专注于其核心竞争力，将非核心零部件外包给供应商，每个供应商都需满足丰田标准，在最大缺陷水平、交货频率和规模等方面必须达到苛刻的关键绩效指标。这一系统也被称为"准时制生产"或"精益生产"。显然，该标准是供应链主导企业制定的，目的是确保整个链条的运作效率。最初，这些公司标准主要定义产品的性质，后来，除库存、质量、成本以及产品标准外，供应链主导企业还在越来越大的劳工和环境标准压力下，为其供应商设定三重底线要求：第一重底线是经济底线，涉及"质量、成本、交付"标准和由政府与其他利益相关者定义的特定市场准入标准；第二重底线是社会底线标准，包括劳工标准、企业社会责任标准，这些标准影响到供应链上企业经营的社会许可；第三重底线是环境底线，[3] 如消费品中有毒物质的上限

① Nadvi K. Global Standards, Global Governance, and the Organization of Global Value Chains [J]. Journal of Economic Geography, 2008, 8 (3): 323-343.

② Kaplinsky R. The Role of Standards in Global Value Chains: Policy Research Working Paper 5396 [R/OL]. Washington, D. C.: The World Bank, 2010. https://documents.worldbank.org/curated/en/949931468176333094/pdf/WPS5396.pdf.

③ Davis D, Kaplinsky R, Morris M. Rents, Power and Governance in Global Value Chains [J]. Journal of World-Systems Research, 2018, 24 (1): 43-71.

标准。许多供应商采用环境管理系统不是因为政府要求，而是因为供应合同要求它们遵守私人标准。[①] 以电子行业为例，随着民间社会组织对外包工厂不安全的工作环境和令人担忧的劳动条件的关切与日俱增，惠普等许多业内品牌公司与北美的合同制造商一起创建了电子行业公民联盟（2017 年 10 月已正式更名为责任商业联盟）。该联盟根据惠普供应链社会和环境责任行为准则制定了一个行业标准，即电子行业行为准则。该准则的目的是取代每个公司各自的准则，对分包公司和供应商统一要求，使它们更容易遵守大量不同的客户要求和标准。在食品行业，供应链主导企业可以通过广泛接受的社会标准和认证向消费者传达关于其产品质量的复杂信息。[②] 2010 年，全球大约 20% 的香蕉是根据认证计划销售的，8% 的全球咖啡是认证销售的，约 14% 的温带森林和 7% 的供人类消费的鱼类受到私人认证系统的约束。供应链合同的潜在影响是巨大的，单沃尔玛一家公司每年与中国开展的业务规模就达到了近 200 亿元，该公司拥有超过 10000 家中国供应商，其所展开的规制活动的影响甚至可能比许多国际组织或国家监管措施更大。在许多情况下，供应链合同条款对供应商提出的要求高于公共监管的要求，如星巴克的供应商责任标准就规定，供应商应具有书面的废物预防、废物减少、回收、节能和温室气体减排政策以及可证明的实施证据。

国际行业组织也制定了很多标准。有些国际标准制定机构是针对特定行业的，如国际海事组织是监管航运业做法和安全的主要机构。国际标准化组织（ISO）制定的一些标准针对的是内部流程，可以涵盖许多行业，如 ISO9000 认证就已被制造、服务和营销公司所采用。由于国际上各种企业社会责任标准层出不穷，彼此之间缺乏权威和统一性，大大增加了发展中国家企业在对外贸易中的成本，使它们感到无所适从。ISO 为消除混乱、改善国际贸易环境，于 2001 年开始着手进行社会责任国际标准的可行性研究和论证。2004 年 6 月，ISO 决定开发适用于包括政府在内的所有社会组织的"社会责任"国际标准化组织指南标准，2010 年 11 月 1 日发布了社会责任指南标准（ISO26000）。

民间社会组织也是标准制定者。随着经济一体化的扩大，跨国溢出效应使得

---

① Coglianese C, Nash J. Management-Based Strategies: An Emerging Approach to Environmental Protection [A] //Coglianese C, Nash J. Leveraging the Private Sector: Management-Based Strategies for Improving Environmental Performance [M]. London: Routledge, 2006.

② Ponte S, Gibbon P. Quality Standards, Conventions and the Governance of Global Value Chains [J]. Economy and Society, 2005, 34 (1): 1-31.

新群体如环境保护主义者、消费者和其他活动家被动员进来，民间社会组织的重要性日益增加。这些群体不仅越来越关心商品在哪里生产，而且越来越关心其所消费产品的道德和环境特征，如劳动力是在什么条件下被雇佣的、对环境有什么影响、食用这些产品是否安全等。这些组织擅长动员舆论，推动那些对声誉敏感的企业管理其生产实践。1977年制定的原版"苏利文原则"（Sullivan Principles）是最早的非政府组织守则之一，要求跨国公司承诺尊重员工的自由结社权，满足员工基本需求，提供安全和健康的工作场所，保护人类健康和环境，促进可持续发展等。这些源自企业外部的生产守则主要是依据《世界人权宣言》《国际劳工组织关于工作中基本原则和权利宣言》和1992年联合国环境与发展大会的《里约环境与发展宣言》等来制定的，它们不具有强制性，由企业自愿选择是否认可，在实施上主要通过第三方检查或认证进行。民间社会组织的标准是自愿的，然而其重要性并未降低，如果生产商希望销售到利润更高的发达国家市场，往往需要满足这些标准的要求。

2. 有较大影响力的企业社会责任标准

根据国际劳工组织的调查，2003年全球已有近300个企业社会责任标准，其中影响较大的有美国的公平劳工协会标准、环球服装生产社会责任组织标准、英国道德贸易组织标准、德国零售贸易外贸联合会标准等。下面简要介绍几个在国际层面比较有影响力的企业社会责任标准。

SA 8000即"社会责任标准"，由社会责任国际制定和发布，是供第三方认证体系所用的、统一的、可供核查的标准。SA 8000所规定的社会责任实施对象为企业，其各项规定具有普遍适用性，适用于所有企业，不受地域、产业类别和公司规模的限制。该标准制定了雇主在工作场所方面需符合的自愿性要求，包括童工、健康与安全、强迫性劳动、结社自由及集体谈判权利、惩戒性措施、歧视、报酬、工作时间、管理系统九项。SA 8000的实施重点领域是零售业、跨国公司和劳动密集型产业。它把跨国公司作为重点，希望通过跨国公司向生产商、供应商、分包商等供应链主体扩散影响，使之覆盖面越来越广并向全球传播。

AA 1000系列标准是1995年英国社会和伦理责任研究院（Institute for Social and Ethical Account Ability）成立的非营利性的机构Accountability编制的标准。该机构认为，组织的社会责任主要是为了可持续发展而在社会、伦理、环境和经济方面改善综合绩效。AA 1000系列标准体系包括系列标准原则、框架和两套标准，可为各种组织提供有效的审计和社会责任管理工具及标准。从实施来看，

AA 1000 不仅在欧洲、美国得到实施，而且在发展中国家如中国、巴西等国也得到实施。其在中国的推广主要面向三类企业：一是向欧洲出口产品的企业；二是部分央企；三是许多欧洲企业。①

《可持续发展报告指南》是由全球报告倡议组织（Global Reporting Initiative，GRI）制定并发布的。全球报告倡议组织成立于 1997 年，是由美国的一个非政府组织"对环境负责的经济体联盟"（Coalition for Environmentally Responsible Economies，CERES）和联合国环境规划署（United Nations Environment Programme，UNEP）共同发起的，秘书处设在荷兰的阿姆斯特丹。GRI 于 2000 年提出了《可持续发展报告指南》，2002 年发布了全球修订和更新的版本，后来又陆续制定了技术准则和行业补充文件。2006 年形成了《可持续发展报告指南》G3 版，2013 年发布了 G4 版。2016 年，GRI 发布《GRI 标准》（GRI Standards），并自 2018 年 7 月 1 日起全面取代旧版本 G4。《GRI 标准》由"GRI 101 基础""GRI 102 一般披露""GRI 103 管理方法"三项组成，以"GRI 200 经济议题披露""GRI 300 环境议题披露"与"GRI 400 社会议题披露"等议题标准为企业提供议题披露内容及方法。从最新的 GRI 通用标准 2021 版内容来看，主要变化有：①反映了政府间权威文书对负责任商业行为的期望，如《联合国工商企业与人权指导原则》（以下简称《指导原则》）《经济合作与发展组织跨国企业管理原则》《经合组织负责任商业行为尽责管理指南》《国际劳工标准》等。②不再区分全面方案和核心方案，组织只有一种选择，即符合 GRI 标准的要求。③对几个关键基本概念进行重新梳理，新增了若干概念如"影响""实质性议题""尽责"和"利益相关方"，旨在更好地帮助组织分析自身的决策和活动对可持续发展产生的影响，识别需要披露的实质性议题。"尽责"和"利益相关方"是帮助组织识别重要影响、界定实质性议题的重要手段。④对报告原则进行了修订，不再单独强调"界定报告内容所依据的报告原则"，而是更注重所披露信息的质量和呈现形式。GRI 提供世界上最广泛使用的可持续发展报告和披露标准，已被 90 多个国家的上万家机构应用。

如图 2-1 所示，在 2021 年 GRI 修订中，对负责任商业行为的政策承诺制定了新的披露内容。具体而言，GRI 2 修订的披露事项涉及 6 个新内容：组织和报告实践、活动和员工、治理、战略、政策和实践、利益相关方的参与。这些修订

---

① 郝琴，陈元桥. 国内外企业社会责任评价对比分析 [J]. 中国市场，2013（35）：26-33.

要求组织描述其负责任商业行为的政策承诺和尽责承诺，以及如何将承诺嵌入其活动和业务关系中，此外还包含申诉机制和确保利益相关方有意义的参与等内容。GRI 3-1 要求具体描述组织如何确定其重要议题，如何在其活动和商业关系中识别对经济、环境和人的实际和潜在、消极和积极的影响。除了目前正在最终确定的《GRI 11：石油和天然气行业标准》外，全球可持续发展标准委员会（GSSB）还宣布了以下方面的征求意见稿：农业、水产养殖和渔业部门的标准，其中涵盖了生物多样性和自然生态系统的影响、气候变化适应、动植物健康、食品安全与保障、经济包容性和劳工标准；煤炭行业标准，解决企业如何应对低碳转型的问题，同时突出对当地社区的影响、环境风险管理、付款透明度和所有权的披露。

GRI标准2016版		GRI标准2021版
报告内容原则（Reporting Principles for defining report content）	报告质量原则 Reporting Principles for defining report quality	
利益相关方包容性（Stakeholder inclusiveness）	准确性（Accuracy）	准确性（Accuracy）
可持续发展背景（Sustainability context）	平衡性（Balance）	平衡性（Balance）
实质性（Materiality）	清晰性（Clarity）	清晰性（Clarity）
完整性（Completeness）	可比性（Comparability）	可比性（Comparability）
—	可靠性（Reliability）	可验证性（Verifiability）
—	时效性（Timeliness）	时效性（Timeliness）
—	—	可持续发展背景（Sustainability context）
—	—	完整性（Completeness）

图 2-1　GRI 标准 2016 版与 GRI 标准 2021 版对照表

资料来源：https：//esg.js.org.

道琼斯可持续发展指数（The Dow Jones Sustainability Indexes，DJSI）颁布于 1999 年，是全球最重要的公司可持续发展能力评价指标体系之一。道琼斯可持续发展指数设有行业特有的可持续性评估标准，主要在经济、社会及环境三个方面从投资角度评价企业可持续发展的能力。入选道琼斯可持续发展指数的公司必须符合各项严格的评选标准。道琼斯可持续发展指数每年发布一份系列评估，涵盖公司治理、风险管理、品牌创建、缓解气候变化、供应链标准、劳工活动等。

多米尼 400 社会指数由 KLD 研究与分析有限公司（以下简称 KLD 公司）开发，该公司作为世界著名的独立投资研究公司，专门为从事社会责任投资的基金与专业机构提供管理工具。该指数专门评价公司的社会责任状况，使用与公司社会绩效相关的变量去评价公司对其利益相关者的责任。这些变量分别是产品安全、社区关系、环境保护、妇女及少数民族问题、员工关系、核能、军事削减和南非问题等，代表公司对员工、顾客、环境、社区和整个社会的责任。研究者可以借助该指数跨越时间维度对公司社会责任进行连续评价，从而评估公司社会责任状况的变化。

有不少非政府组织制定的标准属于公平贸易范畴。公平贸易标准涉及可持续发展的三个领域：社会发展、经济发展和环境发展。这些标准的主要目标是保证公平交易的最低价格、提供额外的公平贸易溢价。它们强调企业之间的伙伴关系，旨在促进互利的长期贸易关系并确保产品的生产和贸易条件在社会和经济上是公平的、对环境是负责的。公平贸易涵盖了食品（如咖啡，重点是确保生产者的最低收入）、中间产品（如木材，涉及环境问题）和最终消费品（如服装，涉及劳工标准）。尽管这些产品在全球市场中只占一小部分，但公平贸易认证的压力正迫使许多供应链采用类似的标准。沃尔玛推动了一系列绿色标准进入其供应链。星巴克在其供应链管理中采用了自己的公平贸易系统，不过，不同于那种确保支付给农民的最低价格和其他社会经济标准的公平贸易，星巴克的公平贸易标准侧重于环境和可持续性问题。

3. 标准的类别

标准越来越多，也越来越具体，不仅关注产品本身，还关注生产和加工方法。从这一角度来看，标准可以分为两大类：产品标准和过程标准。产品标准涉及生产输出的特征，由标准制定者的质量要求来定义。一般来说产品标准是明确的，并要求在生产过程结束时进行单点验证。供应链主导企业制定的产品标准中会定义所允许的缺陷水平，例如，食品零售部门的产品标准通常包括农药残留指标。

过程标准比产品标准更复杂也更系统，通常涉及整个生产过程中的程序，而不是单纯衡量最终结果。国际标准化组织质量和环境标准（ISO9000 标准和

ISO14000 标准系列）要求记录生产过程各个阶段的实践和结果。以森林管理委员会为例，其关于木材和木制品供应链可持续性的认证就涉及从林业种植到锯木厂、加工木材的制造直到转化为家具和其他最终产品的全过程监管。过程标准的形式更加多样化，在某些情况下它们既包括程序文件，也包括明确界定和衡量成果是否实现的内容。这时，此类标准可能涉及许多企业社会责任或可持续性相关的关键绩效指标，如最低工资水平、工人年龄、工人参与集体谈判的权利，以及引入减少危险工作做法的程序。如果生产商要满足全球零售商对农药残留的严格要求，那么整个供应链都需要一个类似的验证过程，根据货物需要可以一直追溯到种植沙拉中某种蔬菜的那块土地。

如今，"可持续性"标准在界定贸易的"内容"方面变得越来越重要。国际政治经济学文献非常关注劳工、人权、可持续性和环境领域全球生产标准越来越重要的影响。① 一方面，这些标准有其不可忽视的社会价值，也可能促进和提升发展中国家出口产品的附加值；另一方面，如果只是由发达国家的行动主体单独决定标准中包括哪些内容以及如何评估，且生产者仍然只是关键决策过程的接受方，这种权力关系模式下的标准将产生较强的排他性效果，导致中小企业尤其是发展中国家的中小企业无法进入市场。已有研究表明，在将发展中国家从价值链高附加值环节挤出的同时，② 此类标准对可持续性问题的改善却十分有限。③ 在某些情况下，标准会造成新的进入壁垒，使生产者尤其是最贫困者面临额外成本、陡峭的适应学习曲线等挑战。有学者研究了公共和私人标准在决定价值链中

① Abbott K W, Snidal D. The Governance Triangle：Regulatory Standards Institutions and the Shadow of the State ［A］//Woods M W. The Politics of Global Regulation ［M］. Princeton：Princeton University Press, 2009：44-88；O'Rourke D. Outsourcing Regulation：Analyzing Nongovernmental Systems of Labor Standards and Monitoring ［J］. The Policy Studies Journal, 2003, 31（1）.

② Kaplinsky R, Morris M. Standards, Regulation and Sustainable Development in a Global Value Chain Driven World ［J］. International Journal of Technological Learning Innovation and Development, 2008, 10（3）：322.

③ Giovannucci D, Ponte S. Standards as a New Form of Social Contract? Sustainability Initiatives in the Coffee Industry ［J］. Food Policy, 2005, 30（3）.

不同行动主体之间贸易收益分配方面的作用,[①] 研究表明,制度,特别是标准和分级体系使得供应链格局不利于全球农产品生产链条中的小生产者。由于核心的市场需求、规则标准制定仍由国际大买家所掌控,发展中国家供应商的升级路径会受到限制。[②]

如今,全球供应链中的企业往往还需要遵守民间社会组织推动的健康、安全、工作实践和环境标准,以便能够参与高利润的市场。发展中国家在更高标准的合规方面面临挑战,如果不响应更高的过程标准和产品标准的需求,企业就有被完全排除在全球供应链之外的风险。升级挑战对于发展中国家的贫困农民、年轻企业家或中小企业而言尤其具有挑战性。尽管企业有效实施标准可能会有回报,但这并非没有成本。认证本身的财务成本可能很低,但获得和维持认证需要资源成本,企业要投入管理时间进行培训、适应新程序和新设备。此外,当供应商为达到某一公司的特定标准而投入大量资金时,其转向不同的买方标准的成本会很高。以园艺产品的可追溯性为例,不同的零售公司有不同类型的书面记录要求,供应商投入巨大成本满足了一家零售商,但未必能满足其他零售商的要求。以此观之,达到标准通常是一个代价高昂的过程。虽然这些财务成本对于跨国公司或大型供应商来说是可以承受的,但它们往往会成为小规模和非正规生产者的进入壁垒。[③] 一项对泰国木薯供应链的研究发现,一些较小的工厂因良好生产规范(GMP)和危险分析与关键控制点体系(HACCP)认证的成本太高而不得不退出对欧盟的出口。这些公司报告说,认证本身的费用以及认证的实施需要训练有素的工作人员并维护相关记录,这些成本令其难以承受。小规模企业尤其是非正规部门企业通常缺乏系统地记录、存储维持标准认证所需信息的能力和文化,这是导致它们

---

① Fold N. Lead Firms and Competition in "Bi-Polar" Commodity Chains: Grinders and Branders in the Global Cocoa-chocolate Industry [J]. Journal of Agrarian Change, 2002, 2 (2): 228-247; Gibbon P. Value-chain Governance, Public Regulation and Entry Barriers in the Global Fresh Fruit and Vegetable Chain into the EU [J]. Development Policy Review, 2003, 21 (5): 615-625; Gibbon P, Ponte S. Trading Down: Africa, Value Chains, and the Global Economy [M]. Philadelphia: Temple University Press, 2005; Ponte S, Gibbon P. Quality Standards, Conventions and the Governance of Global Value Chains [J]. Economy and Society, 2005, 34 (1): 1-31.

② Kaplinsky R, Farooki M. What are the Implications for Global Value Chains When the Market Shifts from the North to the South [J]. International Journal of Technological Learning, Innovation and Development, 2011, 4 (1): 13-38; Stiglitz J E. Globalization and Its Discontents Revisited: Anti-Globalization in the Era of Trump [M]. New York: W. W. Norton & Company, 2018.

③ Kaplinsky R. The Role of Standards in Global Value Chains [R/OL]. World Bank Policy Research No. 5396. [2010-08-01]. https://openknowledge.worldbank.org/bitstream/handle/10986/3880/WPS5396.pdf.

被排除在全球价值链之外的重要原因。

因此，体现劳工、环境等可持续性要素的过程性标准有其价值，但由于采购成本、维持认证的成本较高以及实施和维持认证的能力不足，全球价值链中此类标准的提升无疑会将小规模和非正规部门的生产者排除在全球市场之外。[①] 因此，国家必须做出一项战略决定，即是否应该建立某种形式的补贴计划来维持小生产者的参与。许多私人标准及其认证程序不够透明，小生产者可能很难理解或达到某些标准，随着大买家将这些标准纳入主流，这些标准就成为事实上的进入壁垒，需要投入大量资源才能满足其要求。

（二）监督与认证

私人规制通常会为执行相关规则而设立一套监督和执行机制。监督是一个持续的过程，其中最重要的形式是审计，即通过对供应商进行实地考察来确定其企业社会责任的实际履行情况。私人规制的监督机制可以由企业自主进行，也可以由外部独立机构进行。在实践中，这体现为跨国公司的"验厂"——在订单下达前或货物交付前，派遣本公司的专职员工或委托第三方认证机构的专业人员对供应商或分包商的资料、现场、员工进行实地调查，判断是否符合本公司生产守则的要求，以此作为订单下达和货物接收的依据。认证项目（Certification Program）是私人规制的重要形式，产品认证是"由第三方通过检验评定企业的质量管理体系和样品型式实验来确认企业的产品、过程或服务是否符合特定要求，是否具备持续稳定地生产符合标准要求产品的能力，并给予书面证明的程序"。

通常，全球供应链中交易标准的设定和监督并非由同一个主体负责，合同履行方面的监管主要由认证机构这样的中介机构进行。[②] 私人规制倾向于委派第三方认证机构对生产、运输或销售行为进行评估和检验，之后颁布认证证书或给予认证标志使用权。第三方认证机构既独立于生产者和销售商，也独立于消费者和相关的标准机构，具有独立的法人资格。这一独立性质使得监督结果更加透明，也更容易取得利益相关方的认可和信任，因此，通过第三方认证进行监督已逐渐成为主流。认证区别于一般监督机制最重要的特征有两个：一是其独立的第三方性质；二是监督

---

① Kaplinsky R. The Role of Standards in Global Value Chains: Policy Research Working Paper 5396 [R/OL]. Washington, D. C.: The World Bank, 2010. https://documents. worldbank. org/curated/en/949931468176333094/pdf/WPS5396. pdf.

② Cafaggi F. The Regulatory Functions of Transnational Commercial Contracts-New Architectures [EB/OL]. [2013-08-26]. http://dx. doi. org/10. 2139/ssrn. 2136632.

过程的持续性。一些供应商守则明确规定了第三方的监管权。① 这时，除了供应链主导企业之外，中介机构也在供应链治理中发挥了重要作用。外部独立监督和认证体制已经成为私人规制的特征之一，甚至被称作私人规制最为成功的实践和经验。

从作用机制来看，社会与环境认证项目实质上是利用市场激励政策鼓励企业对自身行为进行反思和修正，同时向消费者提供有关产品种植、提取、生产和制造过程的信息。认证计划通过提供标识或产品标签对销售给终端消费者的产品进行管理，其中包含一定形式的检查和监控机制。认证计划通常具有一套完善的治理结构和运作程序：包括成员规则、标准的制定和修改流程、决策机制和争端解决机制。② 研究发现，从其效果来看，进行 SA 8000 标准认证的企业会更多地考虑环境和社会问题，对供应商的环境和社会绩效产生正向的促进作用。③ 克劳斯（Krause）等学者指出，通过对供应商绩效的评估，企业可以比较不同供应商并为后者提供指导，帮助其达到绩效目标。供应商为了能够在众多竞争对手中脱颖而出，只好提升自身的企业社会责任绩效。④ 吉麦兹（Gimenez）和希拉（Sierra）的实证研究也表明，供应商评估能够改善供应商的环境绩效。⑤ 西里伯提（Ciliberti）等进行的多案例研究发现，被研究的企业都对供应商社会责任绩效进行了监督，买方通过对供应商的企业社会责任政策及实践等内容进行监督以确保其达到要求。当发现供应商未能达到社会责任表现最低标准时，不同企业采取的措施不同，一些会终止与供应商的合作伙伴关系，另一些企业则选择指出问题并和供应商一起解决这一问题。⑥ 研究发现，后一选择更有助于维持长期的合作伙伴关系。也有研究未发现相关评估与供应商的社会绩效之间存在直接的联系。⑦

---

① Blair M M, Wiliams C A. The New Role for Assurance Services in Global Commerce ［J］. Journal of Corporation Law, 2008 (33).

② Courville S. Social Accountability Audits：Challenging or Defending Democratic Governance ［J］. Law and Policy, 2003, 25 (3)：269-297.

③ Ciliberti F, Groot G, et al. Codes to Coordinate Supply Chains：SMEs' Experiences with SA 8000 ［J］. Supply Chain Management：An International Journal, 2009, 14 (2)：117-127.

④ Krause D R, Scannell T V, Calantone R J. A Structural Analysis of the Effectiveness of Buying Firms' Strategies to Improve Supplier Performance ［J］. Decision Sciences, 2000, 31 (1)：33-55.

⑤ Gimenez C, Sierra V. Sustainable Supply Chains：Governance Mechanisms to Greening Suppliers ［J］. Journal of Business Ethics, 2013, 116 (1)：189-203.

⑥ Ciliberti F, Pontrandolfo P, Scozzi B. Investigating Corporate Social Responsibility in Supply Chains：A SME Perspective ［J］. Journal of Cleaner Production, 2008, 16 (15)：1579-1588.

⑦ Sancha C, Gimenez C, Sierra V. Achieving a Socially Responsible Supply Chain through Assessment and Collaboration ［J］. Journal of Cleaner Production, 2016, 112 (20)：1934-1947.

（三）披露

透明度指的是外部人士对信息的可获得程度，这会关系到他们在决策中是否能在知情的情况下发言并评估内部人士做出的决策。[①] 透明度规范为各种监管机制提供了信息，而信息披露是治理中透明度要求的体现。古普塔（Gupta）认为，披露治理倡议反映了环境治理的程序性转变，关注的重点围绕着信息生成、传播、可访问性或可用性来建立程序，而不是强制要求特定的结果。这一转变主要基于两个假设：第一，过程很重要，"正确的过程"可以实现预期的结果；第二，信息很重要，信息可以赋予权力。[②] 由此，"环境管理的程序化"成为讨论的焦点，包括知情权在内的程序性环境权等概念成为环境治理的构成性原则。[③] 碳排放披露就是通过披露来进行治理的例子，其理念是将企业碳排放情况转化为对企业和投资者具有明确财务含义的风险和市场机会的评估，利用透明度和问责机制来影响目标对象的行为，通过信息进行治理。[④] 生态标签计划也是期望通过可持续资源利用的过程和实践的信息披露，引导消费者做出有利于可持续性的决定。企业可能需要对碳排放和碳足迹发布自愿或强制报告。如果减排激励能够通过供应链传递，碳排放披露可能会产生特别大的影响。[⑤]

如今在全球环境领域，以信息披露为代表的治理的第三次浪潮越来越重要。在过去20多年里出现了一些收集和传播环境信息的私人组织，如全球报告倡议组织和碳排放披露项目。这两个组织为自愿的企业信息披露制定了污染物排放标准并维护数据库，使信息公开可用，标准由大型公司和环境保护团体制定，由非政府组织管理披露过程。[⑥] 这些环境披露项目的公司参与度较高。2010年，超过3000家公司向GRI报告了环境绩效数据，其中许多都是对环境有重大影响的行业中最大的

① Florini A. In the Right to Know: Transparency for an Open World [M]. New York: Columbia University Press, 2007: 1-16.

② Gupta A. Transparency under Scrutiny: Information Disclosure in Global Environmental Governance [J]. Global Environmental Politics, 2008, 8 (2): 1-7.

③ Picciotto S. Democratizing the New Global Public Sphere [EB/OL]. [2001-07-03]. http://www.lancs.ac.uk/staff/lwasp/demglobpub.pdf.

④ Soma K, Macdonald B, Opdam P. Sustainability Governance and Transformation 2016: Informational Governance and Environmental Sustainability [J]. Current Opinion on Environmental Sustainability, 2016 (18): 1-140.

⑤ Vandenbergh M P. Reconceptualizing the Future of Environmental Law: The Role of Private Climate Governance, [J]. Pace Environmental Law Review, 2015 (132): 382-405.

⑥ About Gri, Global Reporting Initiative [EB/OL]. [2013-08-28]. https://www.globalreporting.org/information/about-gri/Pages/default.aspx.

公司。① 超过 1000 家公司在 2012 年向 CDP 报告了它们的碳排放，其中包括 80%
的全球 500 强公司。如今，全球正涌现出越来越多的"披露治理"倡议，包括
《奥胡斯公约》等一系列事先知情同意的公约，涉及农药、危险废物、生物多样
性或转基因生物的全球流动。披露要求不仅出现在国家主导的监管行动中（如世
界银行和国际货币基金组织等政府间组织都已采取了全面的新披露政策），还出
现在一系列私人治理行动中，② 在林业、渔业或有机食品领域的许多私人生态标
签计划都以信息披露为基础，此外还有各种与企业社会责任相关的自愿倡议，如
呼吁私营企业提交可持续性报告的全球报告倡议、非政府组织领导的呼吁在发展
中国家的采掘业经营者披露收入的倡议等。数百家大型跨国公司还采纳了自愿准
则，根据这些准则，公司需要披露有关环境、劳工和其他行为的大量信息。

上述趋势下，企业除了通过各类会计报表对企业财务信息进行披露，往往还
需要提供社会责任报告、可持续发展报告等非财务信息披露。履行社会责任需要
企业投入一定的成本，所以进行高水平的社会责任信息披露的企业通常会被人们
认为具有良好的财务状况，投资风险较低。企业声誉在社会责任信息披露与投资
者决策意愿的关系中起到部分中介作用，具有社会责任偏好的潜在投资者也愿意
以较低的投资回报率向披露正面、积极社会责任信息的企业和声誉高的企业投
资。学者指出，有两种制度逻辑支撑着非财务信息披露的接受和传播：一种是私
人规制逻辑，由民间社会组织推动，旨在确保更大的公司问责；另一种是可持续
性管理的功能主义公司逻辑，它强调信息披露对公司经理、投资者和审计师的有
益作用。③

总之，除财务披露之外，如今的公司面临着越来越大的披露其他类型信息的
压力。企业社会责任运动呼吁企业改善环境和劳工实践，为了证明合规，企业不
得不发布其做法的信息。④ 长期来看，供应链合同规定的信息披露使得监管者、

---

① Sustainability Disclosure Database. Global Reporting Initiative ［EB/OL］. ［2013 - 08 - 28］. http：//
database. globalreporting. org/search.

② Gupta A. Transparency under Scrutiny：Information Disclosure in Global Environmental Governance ［J］.
Global Environmental Politics，2008，8（2）：1-7.

③ Knox-Hayes J，Levy D. The Political Economy of Governance by Disclosure：Carbon Disclosure and Non-
financial Reporting as Contested Fields of Governance ［A］//Gupta A，Mason M. Transparency in Global Environ-
mental Governance：Critical Perspectives ［M］. Cambridge：The MIT Press，2014.

④ Calland R，Tilley A. The Right to Know，the Right to Live：Access to Information and Socio-economic
Justice ［M］. Southern African Development Community：IDASA Publishers，2002.

消费者、非政府组织、投资者或雇员得以对企业施加法律、经济和社会压力。企业可能需要向外界披露其整个供应链上的劳工、环境等社会影响方面的信息，涉及内容相当宽泛，包括工作时间和休假制度、工资和福利、工作环境、员工的健康与安全报告、工会结社自由、有无童工、有无性别或人种歧视等。

（四）惩戒

惩戒是保证私人规制治理效果和权威性的重要机制。私人规制的惩戒机制依靠市场力量发挥作用，具有一定的实效性和针对性。[①] 惩戒机制包括撤销认证、取消资格等方式，在本质上是通过市场压力对企业行为进行规制，使违规者失去市场优势或市场份额。供应链合同中私人标准的执行是通过羞辱、抵制、私人检查、合同终止或不续签等惩戒方法来实现的。如发生争议，通常通过私下磋商或仲裁程序解决，而不是诉诸法院。

综上所述，跨国私人规制体系会建立严格、可执行的规则来改善环境和社会外部性。此类体系通过有控制能力的机构和制度来确保制度的执行和遵守，从而达成其治理目标。相关成员违背标准和原则的行为会受到一定程度的惩罚，这种惩罚通常具有实质性，要么是针对物质利益，要么是影响其市场声誉，最终会影响其市场地位和市场份额。从环境、劳工等社会领域的私人规制来看，虽然私人制定的标准和原则不具有法律意义上的强制性，但却具有事实上的强制性。

---

① Lesley K，Allister M C. Harnessing Private Regulation ［J］. Michigan Journal of Environmental & Administrative Law，2014，3（2）.

第三章　第一次变迁后全球多层次治理机制的效果

"冷战"爆发后，全球治理经历了从霸权国主导到趋向主权国家共同治理，再到非国家行为体参与治理的发展态势。① 在企业社会责任治理领域也呈现出了类似的图景。20 世纪 70 年代，在全球供应链使传统国家治理模式遭遇挑战后，全球层面的治理机制出现了第一次重大的变迁，国际组织、行业协会、非政府组织以及跨国公司等治理主体纷纷登场，以各种软法或指导守则推动跨国公司进行企业社会责任治理，出现了多主体、多层次的企业责任治理机制。

第一节　政府间国际组织的企业社会责任治理：优缺点及效果评估

与单个民族国家相比，由政府间国际组织在国际层面进行企业社会责任治理，其优势在于，政府间国际组织在跨国意义上具有更广泛的代表性，更独立于特殊利益，而且此类组织通常拥有专门的技术和规范知识，理论上有助于克服国家规制的局限性。不过，政府间国际组织的企业社会责任治理能力也受到以下因素的制约。

首先，由于偏好和信念差异，特别是南北之间的偏好和信念大相径庭，国家间谈判代价高昂且充满争议。例如，国际贸易法假定，一个政府对其公民的环境

---

① 吴白乙，张一飞. 全球治理困境与国家"再现"的最终逻辑［J］. 学术月刊, 2021（1）.

质量、工作条件等方面的责任"属于应由每个政府而非国际社会来决定的事情",那种以贸易政策为载体将本国规制偏好延伸到域外试图改变其他国家规制模式的做法受到了很多质疑。许多发展中国家认为,寻求将市场准入与国内环境或劳工实践联系起来的贸易协定是一种变相的保护主义,这类贸易限制措施应受到世界贸易组织的规则限制。国际劳工组织等政府间组织虽然制定了许多国际标准,但其批准却往往跟不上步伐。

其次,政府间国际组织推动的企业社会责任规范多为软法规范。软法是与硬法相对的概念。硬法是指有法律约束力、创设可执行的权利与义务的规则。对于软法的定义则没有一致意见,它既可以从正面定义为"不创设可执行的权利和义务的原则、规范、标准或其他行为指引",也可从反面定义为"不完全具备法律要素包括正式法律地位、规范性内容和可执行性的规则"。在过去的几十年里,人们一直强调制定软法来规范企业社会责任①,在国际层面形成了许多契约、指导原则、宣言、倡议、决议、行业行为准则等软法形式文件,包括国际劳工组织1977年通过的自愿性的《关于多国企业和社会政策的三方原则宣言》、1998年《关于工作中基本原则和权利的宣言》、联合国1999年提出的"全球契约"、2011年《指导原则》等。这些文件旨在提供一个框架,帮助企业理解什么是"负责任的商业行为",但它们不具有严格的法律约束力,不能经由国际或国内司法机构或其他机构加以强制执行,也不能作为法律问责的工具。其实施和监督主要依靠制定者各自拥有的行动能力和行动机制。②例如,联合国"全球契约"、经合组织的《跨国企业指南》等文件主要依靠透明度、企业对自身利益的认知以及劳工和市民社会联合采取行动来推动目标实现。国际层面的企业社会责任主要依赖软法机制,其原因如下:第一,传统上国际法被认为是专门用于调整国家之间关系的法律,个人仅仅是国家的管辖对象,是国际法的客体而非主体,不能直接承受国际法上的权利和义务,在受到侵害时也不能直接通过国际求偿来获取救济。换言之,长期以来以国家为中心的国际法并不承认企业在国际法上的法律人格或是作为国际法主体直接享有国际法上的权利、承担国际法上的义务。因此,原则上,企业在生产经营中的行为标准及其法律后果是由各国(母国或东道

---

① Justine Norlan. Hardening Soft Law: Are the Emerging Corporate Social Disclosure and Due Diligence Laws Capable of Generating Substantive Compliance with Human Rights Norms? [J]. Revista de Direito Internacional, 2018, 15 (2).

② 黄志雄. 企业社会责任的国际法问题研究 [J]. 武大国际法评论, 2009 (9).

国）通过劳动法、消费者保护法、环境保护法等国内法而非国际法加以规定。一国管辖范围内的企业因其特定行为对本国或另一国的企业或个人造成损害时，可以通过使该企业行为在特定情势下归因于有关国家，或者因国家在国际人权法上负有的保护个人权利不受其他实体侵犯的义务而产生该国在国际法上的国际责任，但上述有限范围内对企业社会责任的调整属于国际法的间接调整。第二，更重要的是，因为问题的复杂性，国家之间存在分歧，难以就相关事项达成充分共识并做出有法律约束力的承诺。例如，20世纪70年代，随着跨国公司对国际经济的影响问题日益受到关注，联合国经济与社会理事会（ECOSOC）开始推动制定对跨国公司有约束力的行为守则，但启动于1974年的这一行动终因发展中国家与发达国家无法取得共识而在1992年无果而终。① 过去20年，国际层面也曾试图将硬法性机制纳入相关规范，终因分歧较大而未能成功。2003年，《跨国公司和其他工商企业在人权方面的责任准则》草案（以下简称"《责任准则》草案"）为企业人权责任作了较全面的规定，其中包含了一套较为详尽、独具特色的执行机制，试图直接为各种工商业实体规定强制性的具体人权责任，其措辞中使用了"必须"（Shall）来突出责任的约束力。② 然而，这些强制性特征也成为意见分歧的根源，《责任准则》草案最终因工商业团体的激烈反对而失败，被联合国人权委员会否决。这一失败严重打击了人们通过硬法规范规制工商业人权责任的信心，联合国在2011年制定《指导原则》的过程中就充分吸取了其失败的教训，对跨国公司只确立了一般原则式的期望：跨国公司有尊重人权的责任（Responsibility），这一责任与国家保护人权的义务（Obligation）相区别，被定性为对工商业的"全球性预期行为标准"。就此而言，它并不具有法律约束力。③

最后，政府间组织缺乏监督企业执行的能力。在这方面，由于国家拒绝给予相关的权力或资源，政府间组织的执行能力甚至比国家更为有限。

---

① 余劲松. 跨国公司的法律问题研究 [M]. 北京：中国政法大学出版社，1989：329-343.

② 参见 Report of the Sessional Working Group on the Working Methods and Activities of Transnational Corporations on its Fourth Sessions, 2002.

③ 《指导原则》还规定了国家保护人权的义务，因此也有人指出，《指导原则》体现了一种软硬结合的方法，是基于一种互补的"硬法律和软法律的综合"。

第二节　跨国私人规制的企业社会
责任治理：优缺点及效果评估

如斯特兰奇所说，20 世纪后 1/4 的时间里，非国家权威兴起。由跨国公司、行业协会或非政府组织等政府公权力以外的力量形成的跨国私人规制在企业责任全球治理中发挥了重要的作用。本节将讨论这一规制体系的优点与不足，进而分析其规制效果及影响因素。在进入这些问题的讨论之前，仍有必要理解的一个先决问题是，企业为何会接受并非由政府公权力进行的社会责任规制？

一、企业为何会接受私人规制

（一）采纳私人规制以避免政府出台新规制措施

在某些情况下，企业或整个行业采用了私人规制，其目的是避免政府进行更多的规制。1984 年印度博帕尔化工厂爆炸后，一些国家的化学工业协会通过了一项全球化工行业的自愿倡议"责任关怀"，其部分原因是为了阻止国家通过更严厉的工厂安全标准。① 一些跨国企业担心 1992 年里约联合国环境与发展大会将导致全球环境规制扩大，于是国际商会推出了《工商业可持续发展宪章》。美国国际工商理事会也曾明确表示，如果企业实施自监管、发展和实施最佳做法并与其他国家的商界合作，将缓解政府出台新规则的压力。企业积极努力应对社会和环境问题的合理关切也有助于减少工会和非政府组织试图控制企业行为的行动。

（二）保护品牌声誉

当然，在更多的情况下，企业并非是出于规避新增的公共规制而接受私人规制，因为这一情形并不多，也不十分有效。企业之所以接受私人规制，更多时候是因为非政府组织推动的公民运动将矛头指向了具体的企业或行业。

20 世纪 80 年代，放松管制后的政府无法有效控制大公司的活动，非政府组织担心不受管制的全球化会带来负面的社会和环境后果。他们同时发现，改变沃尔玛、星巴克和家得宝等大公司的采购政策和实践将对全球社会和环境产生重大

---

① Vogel D. The Private Regulation of Global Corporate Conduct ［J］. Business & Society, 2010 (3).

影响，这一影响即使不比国家法规更大，也堪称与之相当。于是，游说并施压跨国公司成为非政府组织的次优选择。① 它们选择包含有效监督和独立核查机制的行为守则作为约束跨国公司的手段，利用声誉机制和点名羞辱的做法向在美国和欧洲有显著影响力的跨国公司施加压力，迫使后者遵守相关行为守则。非政府组织把注意力集中在能引起公众反应的问题上，将公开点名羞辱的火力对准知名度很高的公司如耐克、家得宝、皇家壳牌、宜家、西雅衣家、盖璞、蒂芙尼、雀巢、星巴克、亨氏、力拓和花旗银行等，使这些公司一度成为"不负责任企业"的公开象征。通过广泛宣传并向这些企业施加政治压力，非政府组织要求它们采取更"负责任"的行动。应该说，这一做法发挥了重要作用。跨国公司在经历了这类重大事件后往往会采用更加谨慎的做法，投入资源去制定和遵守私人规制守则。例如，肯·萨罗维瓦被处决后，荷兰皇家壳牌公司在尼日利亚的业务受到批评，于是该公司将人权纳入其行为守则。

在大公司估值中，无形资产越来越重要并与品牌联系在一起产生了公司声誉的概念。品牌对于大公司的重要性毋庸置疑，它不仅能帮助公司赚取高额利润，还能成为其他公司进入市场的障碍。任何有损品牌形象之事都很容易使公司受到负面宣传的影响，因此，像耐克这样的公司为树立企业品牌形象，在广告和促销上花费了大量资金。另外，面向消费者的公司尤其容易遭遇声誉风险，正如李维斯的首席执行官所说，在当今世界，一个关于工人工作条件的电视节目可能会使多年来建立品牌忠诚度的努力前功尽弃。即使是一些不向消费者营销的全球公司也担心自己的声誉受损，因为它们重视公众的认可，不喜欢媒体负面报道。随着全球通信的发展，跨国公司在世界某个地方的子公司或分包商的工作条件信息，可以以前所未有的速度得到国际传播，传递给非政府组织和消费者，这些重大事件对公司来说就是公关灾难。

大多数私人规制守则源于针对特定公司、行业和商业行为的公民运动。这种运动在过去 20 年中激增，重点关注工作条件和工资、童工、农业工人的收入、不可持续的林业做法、支持腐败政府的商业投资，以及自然资源开发过程中对人权和环境质量产生不利影响等问题。对于许多知名度很高的全球公司来说，参与各种形式的全球企业社会责任活动已经成为公认的在更加政治化和透明的全球经

① Vogel D. Lobbying the Corporation：Citizen Challenges to Business Authority ［M］. New York：Basic Books，1978.

济中管理全球公司的一部分,① 这些活动包括设立企业社会责任办公室、发布企业社会责任报告、与非政府组织合作以及同意一项或多项自愿的行业守则。企业关心自己的社会声誉,很少愿意被视为不如同行"负责任"或"开明"。在某些情况下,公司可能仅仅为了预防外部压力而采用行为守则。对许多公司来说,这代表了一种危机管理。

（三）竞争需要

在现实中,越来越多的跨国公司承认私人规制体系的动因中除了保护公司声誉,还有竞争方面的考虑。在高度竞争的行业中,单方面改善生产条件会使公司在市场中处于不利地位,除非竞争对手也这样做,否则一个公司难以改善工作条件或减少环境破坏。因此,对于那些成为非政府组织目标的公司来说,全行业的规制具有商业意义。正如鲍曼（Bowman）和沃格尔（Vogel）等学者指出的,迫于市场压力的公司一旦采取了优于平均水平的社会环境做法,就会进一步试图将类似的成本施加于同行或竞争对手。在这种情况下,公司会选择建立卡特尔认证体系以确保竞争优势。② 斯帕（Spar）和约菲（Yoffie）也从公平竞争环境的角度解释了企业为何合作建立社会与环境认证协会。他们同样发现,采用更高的社会或环境标准会增加公司的成本,如果能说服竞争对手也采用类似的标准,就为其创造了一个更公平的竞争环境。当市场领军企业认为需要采取行动保护其自身形象时,围绕一项全行业的守则进行谈判以确保其竞争对手达到同样的标准就是符合其利益的。许多知名度很高的公司希望确保自己不会被视为不如竞争对手负责,由此甚至产生一种类似企业社会责任军备竞赛的现象。由于大公司比小公司拥有更强的监控供应商的能力,因此,大公司通过推动行业规制标准甚至能使竞争环境向有利于自己的方向倾斜。这时候企业同意行业私人规制的动机可能就是自身利益,这也解释了为什么公司不采用自己的行为守则而是经常鼓励制定能同样管理竞争对手的私人规制守则。

企业接受行业性的私人规制的另一个原因与公众认知有关。公众往往不区分同一行业中不同企业的做法。在高级珠宝行业,当一些钻石零售商被指控出售地方军阀在冲突地区出售的"血钻"时,整个行业的声誉都会受到损害。群体效

---

① Kollman K. The Regulatory Power of Business Norms: A Call for a New Research Agenda [J]. International Studies Review, 2008, 10（3）: 397-419.

② Bowman J R. Capitalist Collective Action: Competition, Cooperation, and Conflict in the Coal Industry [M]. New York: Cambridge University Press, 1989.

应在私人规制体系的传播中也起着重要作用。拥有此类私人规制准则的行业越多，其他行业就越有可能效仿它们。

二、私人规制体系有效性的条件——格里菲理论

私人规制体系在多大程度上是有效的？格里菲等的一项研究提出了私人规制体系最有可能成功的几个假设，并为每个假设提供了理论基础和例证支撑。[①] 下文将首先介绍格里菲的理论，它可以帮助我们更好地理解各种形式的私人治理成功的原因及阻碍。此后，我们会通过观察企业自规制来对格里菲的理论进行进一步的验证。

假设1：价值链中大型主导企业对小型供应商的经济杠杆越大，私人治理的影响和范围就越大。

拥有较大市场份额的公司（无论是营销商、零售商还是生产商），通常都可以选择从许多较小的供应商那里采购；反之则不然，供应商除了与主导企业做生意之外可能别无选择。食品零售的私人治理案例表明，少数公司的主导地位使它们拥有了限制其他参与者选择的能力，对那些希望进入零售链条的供应商和劳工来说尤其如此。主导企业往往拥有杠杆，可以以此要求供应商提供更低的价格和更好的质量，这些杠杆同样可以被用来要求更好的劳工实践或更绿色的生产方式。当然，如果一个非常大的买方依赖于一个小而独特的供应商，前者就未必很强的影响力，但这种情况不太常见。

另外，供应商越大就越可能拥有更多的选择，因为它还可以出售给其他零售商或生产商，这反过来限制了主导企业在链条中的权力。对服装行业的研究表明，供应商通常有更多的选择，主导企业的权力比想象中要小，因为对于大多数服装供应商来说，单个全球品牌只占其总业务的一小部分。在这种背景下，全球买家就不一定有能力向这些供应商施压。

因此，许多最突出的私人规制案例通常都涉及大型龙头企业，而供应商则多少是"被俘获"的。服装行业经典私人规制的成功取决于主导企业在其全球价值链中的权力，例如，李维斯、耐克和盖璞等主导企业就能够向其供应商强加行为守则。在零售行业，近20年有更多的零售商采用了私人规制，沃尔玛也许是

---

① Frederick M, Gary G. Regulation and Economic Globalization: Prospects and Limits of Private Governance [J]. Business and Politics, 2010, 12 (3).

最广为人知的例子，该公司作为协助者与全球各大供应商成立了可持续发展联盟（TSC），通过该联盟，沃尔玛可以利用其强大的市场力量要求供应商改善某些问题。有的全球连锁超市推广了新的食品质量安全的私人标准，其中包含与劳动力和环境影响有关的产品和生产过程规定。[①] 强大的主导企业在推动采用非政府组织倡导的新行业标准方面也发挥了重要作用。

假设 2：高度品牌化的产品和企业最有可能实行私人规制。

耐克和星巴克等高度可见的消费品牌更容易受到社会压力的影响，很容易成为监管目标，这使它们成了第一批带头提倡供应链私人治理机制的公司。麦当劳因养牛场破坏巴西雨林而受到批评，于是要求其供应商必须加入"可持续养牛工作组"。在这里，企业似乎主要是出于防御性的考虑而参与私人规制。但企业也可能因为自己的品牌身份而积极主动地这样做。更小的公司中常见此类案例，如美体小铺（The BodyShop）宣传自己是一家对社会负责的公司并在其网页上突出展示其价值观和活动，巴塔哥尼亚（Patagonia）向公众描绘了其产品制造和采购方面的环境可持续性正面形象。消费者对于以对社会负责任的方式生产的商品需求越高，这种新的品牌形式就越有可能。假设 1 和假设 2 可以相互作用，在既有强大的主导企业驱动又有高度品牌脆弱性的供应链中，就很有可能发展出一个私人规制体系。李维斯、耐克和盖璞的例子都证实了这一假设。

在某些情况下，特定公司的标准会演变成为该行业若干公司共同采用的标准。研究发现，在服装行业，一旦有足够数量的主导企业发现采用私人标准符合其自身利益，这些企业在标准趋同方面就有了集体利益。这种利益或许是为了最大限度地降低供应商面对多个供应链客户时的合规成本，或许是因为共同标准会带来更高的监督效率。由于同样的逻辑，在国际电气工程领域，有关减排的全行业标准也成为协调企业共同利益的焦点。[②] 此外，一旦共同标准确立，率先行动者就有动力说服其他竞争者采用该标准。

假设 3：有效的私人治理最有可能面对社会压力，而社会压力反过来又取决于动员集体行动的难易程度。

目前看来，私人规制的最终驱动力是某种形式的外部社会压力。社会压力对

---

① Olga M，Sheperd A. Agri-Food Value-Chains and Poverty Reduction：Overview of Main Issues，Trends and Experiences ［R］. Vienna：United Nations Industrial Development Organization，2008.

② Green J. Private Standards in the Climate Regime：The Greenhouse Gas Protocol ［J］. Business and Politics，2010，12（3）.

于建立和推动新的私人规制（如行动守则）是必要的，对于确保这些规定得到实际遵守也是必要的。不过，这种社会压力还需要克服集体行动的障碍——即使人们一致认为某种集体利益（更好的劳动条件或环境保护）是可取的，然而一旦这一目标需要许多人的协同努力才能实现，而享受好处的人却不限于那些采取行动的人，就会产生"搭便车"现象。因此，集体行动要获得成功，一个决定因素是事先组织的程度。例如，环保组织和工会的存在就显著降低了其成员采取集体行动的成本，在存在此类组织的情况下，它们在所关注的问题上会带来更大的社会压力。技术也能降低集体行动的成本。[①] 通过戏剧性事件来表达一个问题更容易引发公众讨论，带来情绪化的反应，进而促使个体采取行动。这方面一个典型的案例是金枪鱼捕捞中的海豚保护。环保团体抓住海豚惹人喜爱而捕捞金枪鱼导致海豚死亡这个问题不放，使之成为轰动事件并产生了重大影响。公众对这种做法非常愤怒，由此引发了"海豚安全"标签制度，导致一些大型食品零售商决定在其供应链中采用该标签制度。不过，面对不太容易戏剧化的问题，提高社会活动家和消费者的认识水平就面临更多困难，事实证明，在保护那些不那么迷人的鱼类时，私人规制体系进展甚微。[②]

假设4：当商业利益与社会或环境问题一致时，最有可能采用私人治理。

有关环境做法的改善比劳动条件的改善更有可能与企业的财务利益保持一致，这可能是因为遵守环境规定的成本与遵守劳工规定的成本之间存在差异。

综上所述，当稳定的供应链中有一个强大的主导企业时，当该企业高度品牌化而容易受到消费者偏好变化的影响时，当有可能动员社会压力时，以及当私人治理的目标与商业利益最为一致时，私人规制给企业带来的压力应该是最大的。不过，私人规制成功的概率也是有限的，因为大量全球生产并不符合上述情形，有许多生产是在没有明确驱动力的供应链和网络中进行的。[③] 毕竟有许多无品牌的产品，而动员和维持对企业的社会压力首先需要克服巨大的集体行动障碍。此外，当私人监管成本高昂且不符合企业的商业模式时，企业完全有能力抵制或规避高成本措施。

---

① Auld G, et al. Can Technological Innovations Improve Private Regulation in the Global Economy [J]. Business and Politics, 2010, 12 (3).

②③ Frederick M, Gary G. Regulation and Economic Globalization: Prospects and Limits of Private Governance [J]. Business and Politics, 2010, 12 (3).

三、对格里菲理论的检验：企业社会责任自规制体系的局限性

本书拟观察过去几十年间企业通过自愿行为守则进行的社会责任自规制，以此进一步验证格里菲理论假设的有效性。这一分析也有助于更好地理解跨国私人规制体系的局限性。

（一）企业自愿行为守则的出现

全球通信的发展促进了海外供应商工作条件信息的国际传播，通过宣传活动提高这些问题的公众意识变得更加容易。20世纪八九十年代的"反血汗"工厂运动中，美国的劳工及人权团体将火力聚焦于知名品牌，通过媒体传播来吸引民众的注意并争取广泛的社会支持。由于品牌和企业声誉的重要性日渐增加，供应链中的主导企业特别容易受到负面宣传的影响，这些来自欧美国家的跨国公司再也不能无视其活动对社会的影响。在越来越大的压力面前，摆在它们面前最好的单边解决方案就是进行社会责任自规制。为此，跨国公司纷纷发布行为守则，在劳工和环境问题上进行自规制。根据经合组织的认定，实践中有四种指导公司行为的守则：公司守则、行业协会守则、涉及利益相关者伙伴关系的守则和国际组织制定的守则。企业自规制中所使用的公司行为守则是企业单方面采用的守则，它们可以是与企业自身业务相关的，如荷兰皇家壳牌集团的《壳牌商业原则》，也可以是专门适用于其供应商的，如李维斯公司的《商业伙伴守则》。与之不同，行业协会守则是特定行业的一组公司所采用的守则，发达国家的协会如英国玩具与爱好协会，以及发展中国家的协会如孟加拉国服装制造商和出口商协会、肯尼亚花卉理事会都会采用这类守则。①

企业自愿行为守则最早由美国公司于20世纪70年代初开始采用。当时，许多领先的美国公司的贿赂和可疑付款问题被揭露出来，一些公司为应对负面宣传而发布了此类行为守则。② 20世纪90年代国家放松规制后，新一拨企业行为守则出现，但关注领域转向了环境和劳工。经合组织曾对246项守则清单（该守则清单不仅包括企业自愿行为守则，也包括非政府组织及政府间组织推出的行为守

---

① 多利益相关方守则是若干利益攸关方谈判的结果，参与者不仅包括公司或其行业代表，还包括非政府组织或工会，政府也可能参与制定这种守则，如英国道德贸易守则。政府间守则是在国际层面谈判达成的，并得到各国政府的同意。如国际劳工组织的《关于多国企业和社会政策的三方原则宣言》。

② Kline J. International Codes and Multinational Business：Setting Guidelines for International Business Operations［M］. Cambridge：Cambridge University Press，1985.

则）进行统计，结果表明，60%的守则涉及劳工标准，59%的守则涉及环境管理，只有23%的守则涉及70年代曾极为关注的贿赂问题。①

在20世纪90年代，以企业自愿行为守则为代表的自愿规制得到了各国政府和国际组织的支持，世界银行、经合组织、联合国和欧盟都认为自愿规制是一种政治上可接受的战略，它可以减轻经济全球化给社会和环境带来的负面影响，使利益得到更公平的分配。此类规制也越来越多地得到发展中国家政府的支持，这些国家认为，自规制既是展示其对全球企业行为准则承诺的方式，也是促进国内生产商进入发达国家市场的手段。

（二）自愿行为守则的有效性

从行业分布来看，公司行为守则的增长明显地集中于特定行业。经合组织行为守则清单表明，就公司数量而言，领先的行业是贸易、纺织、化工和采掘业。公司行为守则的行业分布情况如表3-1所示，这些守则涵盖了劳工标准、环境管理、消费者保护、贿赂和其他问题。

表3-1 发布守则的公司行业分布

产业	业务领域	公司数量（家）
第一产业	农业	3
	采掘业	20
第二产业	食品	7
	纺织品	23
	木	4
	石油相关	12
	化学	22
	塑料	5
	金属	13
	电子	14
	机械产品	15
	办公机械	6
	车辆	10
	其他	15

① OECD Codes of Conduct - An Expanded Review of Their Contents: TD/TC/WP（99）56/FINAL[R]. Paris: OECD Working Party of the Trade Committee，2000.

续表

产业	业务领域	公司数量（家）
第三产业	电、煤气、水	10
	建筑	6
	贸易	61
	酒店/餐厅	6
	运输和通信	12
	金融活动	10
	房地产和其他业务	9
	其他	14

资料来源：OECD Codes of Conduct-An Expanded Review of Their Contents：TD/TC/WP（99）56/FINAL［R］. Paris：OECD Working Party of the Trade Committee, 2000.

詹金斯（Rhys Jenkins）通过更详细的案例研究表明，处理劳工问题的行为守则往往集中在服装、鞋类、体育用品、玩具和零售等行业。这些行业供应的是消费品，且常常涉及知名品牌。[①] 例如李维斯公司于 1992 年发布了《商业伙伴守则》，成为第一批制定这类守则的公司之一。后来美国许多服装制造商和零售商如盖璞、耐克和锐步也通过了这类守则。20 世纪 90 年代中期，企业自愿行为守则的做法蔓延到了欧洲，服装制造商和零售商是第一批采用劳工条件守则的企业，其中包括荷兰的西雅衣家、德国的奥托·范山德和英国的彭特兰集团。发布自愿行为守则的跨国公司要么是品牌生产商（如李维斯和耐克），要么是大型零售商（如沃尔玛和特易购），它们都有能力控制全球供应链的关键环节。这就验证了格里菲理论中的假设 1（价值链中大型主导企业对小型供应商的经济杠杆越大，私人治理的影响和范围就越大）和假设 2（高度品牌化的产品和企业最有可能实行私人规制）。大零售商驱动的全球供应链中，零售商需要能够在不拥有所有权的情况下远距离控制分包商或生产商生产的许多方面，以确保后者的行为是可接受的。20 世纪 90 年代，正是这类行业引入了明确的行为守则。此类守则的内容不一而足，既有适用于国际业务之商业原则的模糊声明，也有更实质性的自我规制行动。行为守则覆盖的主体则分两种情况：一种只适用于公司自身的经

———————

① Jenkins R. Corporate Codes of Conduct-Self-Regulation in a Global Economy［R］. Geneva：UNRISD, 2001.

营，作为其商业原则的声明呈现；另一种则涉及供应商，在许多情况下，行为守则是为确保供应商遵守某些标准而专门设计的。在经合组织的调查中，40%以上涉及劳工问题的守则对供应商规定了义务，这在服装业尤为普遍，在受调查的32个公司守则中，有26个是针对供应商和承包商的。从涵盖的问题范围来看，詹金斯的研究表明，不同的公司行为守则差别很大。一项研究调查了英国18家公司，发现尽管所有守则都包含一项关于健康和安全的声明，且超过一半的守则都有关于非歧视、最低工资、童工和强迫劳动的条款，但只有少数提到了工作时间和结社自由。最不常见的内容是工作保障（只有3家公司提及），没有一个守则涉及集体谈判权①，虽然这一点通常被视为核心劳工标准。② 一项对服装和零售领域10家美国公司守则的研究显示了类似的情况。③ 这些公司行为守则中最常见的措施针对的是强迫劳动、童工、健康和安全以及无歧视。一半的公司提到了最低工资和最长工作时间，只有一家公司提到结社自由和集体谈判，没有一个守则包含工作保障的规定。与公司守则相比，由行业协会组织制定的守则对核心劳工标准的覆盖范围要小得多，虽然它们大多数提到童工、强迫劳动以及健康和安全、工作时间和最低工资，但没有一项守则包括结社自由、集体谈判和无歧视。可见，如果守则是以自规制的形式出台的，无论是由公司自行实施还是由行业协会集体实施，它们通常并不涵盖核心劳工标准的全部问题，特别是不涉及结社自由或集体谈判问题。它们纳入的其他权利也是有选择性的，尽管其中经常提到健康和安全，却很少涉及为工人提供工作保障的内容。④

公司对于自规制守则的态度不能一概而论，大公司出于保护公司形象、建立统一竞争环境等考虑，有可能支持公司或行业行为守则，但其他企业未必持相同立场。举例来说，发达国家的小公司就未必像大型零售商和品牌商品生产商那样对此感兴趣，因为这些小公司不太为公众所知，也不太可能吸引非政府组织的注意，它们面对的外部压力不太大。另外，小公司的利润率通常也比大公司低得多，不太能承受因劳动力或环境条件改善而增加的成本。如果行为守则要求买方监督供应商工厂的条件，较小的公司难以像大竞争对手那样做到这一点，所有这

---

① Ferguson C. A Review of UK Company Codes of Conduct ［R］. London：DFID, 1998.

②④ Jenkins R. Corporate Codes of Conduct-Self-Regulation in a Global Economy ［R］. Geneva：UNRISD, 2001.

③ Sajhau J P. Business Ethics in the Textile, Clothing and Footwear （TCF）Industries：Codes of Conduct ［R］. Geneva：International Labour Organization, 1997.

些因素都意味着小生产者不太可能采纳或支持行为守则。这些现象也都印证了格里菲提出的假设 3（集体行动的难易程度以及社会压力影响了私人治理的有效性）以及假设 4（当商业利益与社会或环境问题一致时，最有可能采用私人治理）。

（三）公司自愿行为守则的效果及其局限性

公司自愿行为守则的确具有一定的积极意义，能够为利益相关者带来积极的利益。例如，耐克公司在越南的工厂因此在做法上有了改进，减少了工作环境中的有害化学物质，改善了通风和安全条件。行为守则确实为公司改善企业社会责任行为提供了支撑：第一，如果公司采用范围和覆盖面非常窄的行为守则，就可能会受到其他利益相关者的批评。在这种情况下，行业推出的示范守则发挥了积极作用，可以显示某公司的做法与行业最佳实践之间的差距。第二，如果公司签署了有意义的守则而未能实施，它们也会受到批评。虽然在缺乏独立监督的情况下有时很难知道一家公司是否遵守了自己的守则，但不同利益相关方的交流和联系有助于揭露违规案件。如果这些问题被公之于众，管理层就有被指责虚伪的风险。第三，行为守则关注生产与社会和环境方面的关系，从而超越了"生产什么"的问题，将重点置于产品是"如何生产"的。这会让人们认识到，消费并不脱离生产，也不只是一种单纯的市场交换，它会对经济活动产生长期影响。认识到这些问题的消费者就有可能被进一步动员起来。第四，行为守则推动公司接受更多的责任，公司不仅要对自身行为负责，还需对其供应商及子公司的活动负责。在这种局面下，公司要想将社会成本和环境成本外部化，同时又声称自己的行为是符合道德且环境友好的就变得更加困难。当生产守则涵盖社会问题且适用于供应商时，它就拓宽了社会责任的概念。

不过从整体来看，公司行为守则仍具有较明显的局限性。此类守则被采纳的程度仍相对有限，既有的许多公司行为守则也只是商业道德的一般声明，并没有说明如何具体实施。一些行业推出的示范守则模板也只是提供了最佳做法的示例，供公司或部门以其为依据制定自己的守则。① 从内容来看，以劳工问题为例，大多数公司守则所处理的问题、所涵盖的工人范围都是有限的，许多并不涵盖国际劳工组织的核心劳工标准，更不用说超越这些核心标准纳入工人的就业保

---

① Jenkins R. Corporate Codes of Conduct-Self-Regulation in a Global Economy［R］. Geneva：UNRISD，2001.

障等权利。此外，即使某一守则所涉及的问题范围很广，仍不能全面反映它改善劳动条件的程度。例如，某公司守则规定了每周的最大工作小时数，但在许多情况下这个数字可能高达 60 小时。一些守则可能仅要求在最低工资或使用童工方面遵守当地要求。虽然公司守则通常涵盖公司的直接供应商，但不一定会沿着供应链进一步涵盖链条上的其他企业。

现有公司行为守则的另一个局限性是缺乏独立的监督。这就很难保证它们不只是停留在商业原则的一般声明层面，而是实际指导公司及其供应商的业务。公司采用行为守则或发布关于商业行为的原则声明并不等于说这些原则在公司业务中实际得到应用。行为守则要有意义，就必须有明确的执行方法和确保遵守的手段。而根据国际雇主组织的估计，80% 的守则实际上是关于一般商业道德的声明，其中并没有配套的实施方法。实际上，只有在对行为守则进行独立监督的情况下，其执行才能得到保证。不过公司并不愿意接受这样的安排。此外，即使守则在原则上承诺进行独立监测，对于什么是"独立"，不同的利益相关方也可能有不同的理解。在上文提到的经合组织清单中，100 多项公司守则里只有 4 项含有实施措施的规定，即使是从整体来看（将非政府组织和政府推动的守则包括进来），含有此类规定的也不过 10%。① 科克（A Kolk）等针对 132 个守则进行了一项调查，也得出了非常相似的结论：41% 的守则没有具体提到监督，另外 44% 的守则由公司进行自监督，只有不到 10% 的公司守则和 5% 的企业集团守则有某种形式的外部监督。福古森（C Ferguson）于 1999 年对英国的公司守则进行了研究，发现这些守则都没有明确承诺进行系统监测和独立核查。② 当然，这方面并非没有例外。盖璞公司就与商务社会责任国际协会等机构合作成立了一个独立的监测工作组。在许多情况下自规制守则没有明确的制裁措施，经合组织 2000 年的调查清单显示，约 60% 的公司和企业协会守则未针对不合规行为规定任何处罚措施。在批评者眼中，这就意味着守则被用作公关活动而不是为改善现状而付出真正的努力，它可能只是被公司用作转移公众批评的手段。虽然许多公司仍然认为，只有它们自己拥有解决环境或劳工问题的知识和能力，但无论是社会活动家还是公众似乎都不太相信公司的自我评估和监督，批评者认为，自愿守则和内部

---

① OECD Codes of Conduct–An Expanded Review of Their Contents ［R］. OECD Working Party of the Trade Committee，TD/TC/WP（99）56/FINAL，Paris，2000.

② Ferguson C. A Review of UK Company Codes of Conduct ［R］. London：DFID，1998.

监督容易受到公司操纵。①

从分布来看，公司行为守则的分布并不均匀，往往集中在消费品行业。在这些行业，品牌和企业形象非常重要，因此大型零售企业、服装和鞋类生产企业、玩具和食品生产企业是实施行为守则最常见的部门。这些部门往往也是个人购买成本相对较低的部门，生产成本通常只占最终产品价格相对较小的一部分。相比起来，生产耐用消费品的部门如汽车生产领域，采用此类守则的做法就不太普遍。从地域分布来看，由于采纳公司行为守则的压力主要来自北方，因此在北方国家市场进行销售的公司需要满足这些要求。南方的许多生产者并没有与全球市场挂钩，因此不必担心这类行为守则。

从行为守则涵盖的问题来看，那些在发达国家受到广泛关注的问题在大多数守则中占据显著地位，因为公司行为守则侧重于那些被认为可能对公司产生很大损害的问题。童工就是一个典型的例子，北方国家的公众对儿童在工厂工作有强烈的情绪反应，这一问题才变得突出。但这些问题不一定与其他利益相关方特别是南方利益相关方所理解的关键问题一致。因此，公司行为守则涵盖的问题往往不完整，更谈不上全面。詹金斯一针见血地指出，如果无视这些问题，甚至会导致真诚地通过了一项行为守则之后适得其反，得到不好的结果。② 例如，公司行为守则往往包含禁止使用童工的禁令，但这并不总是改善问题的最佳方式，彻底禁止使用童工会导致最脆弱家庭的生计恶化，因为这些家庭依赖儿童带来的额外收入。这种禁令可能导致的另一种结果是，儿童只是被禁止在出口行业工作，最终他们将不得不受雇于只供应国内市场的企业，在更恶劣的条件下工作，而这恰恰是 20 世纪 90 年代中期制衣业解雇童工之后出现的情况。这时，问题只是从某一个领域被掩盖或转移了，并未得到真正的解决。

发展中国家那些为发达国家市场生产产品的企业对行为守则的需求往往是外部驱动的，它们对公司或行业行为守则有一种矛盾的态度。一方面，如果客户要求它们达到某些劳工或环境标准，它们必须遵守这些标准才能保住市场；另一方面，这些措施的确直接或间接地增加了成本。如果验厂发现它们未能遵守客户所要求的行为守则，则需自己支付纠正的费用以做到合规。然而，发展中国家的这

---

① O'Rourke D. Outsourcing Regulation：Analyzing Nongovernmental Systems of Labor Standards and Monitoring［J］. The Policy Studies Journal，2003，31（1）.

② Jenkins R. Corporate Codes of Conduct-Self-Regulation in a Global Economy［R］. Geneva：UNRISD，2001.

些供应商往往得不到必要的培训支持。这些供应商通常在竞争激烈的市场中经营，即使被要求改善工作条件也很难转嫁由此增加的成本，因此它们会倾向相对薄弱的行为守则，因为只有这样才能既满足其客户的要求又不会被强加各项费用。对它们来说，要求较低的行为守则更有吸引力，它们通常反对任何加强规制的做法。① 此外，如果每个买家公司都有自己的行为守则，生产商可能会面临不同的买家各不相同的要求，这意味着相互冲突的需求或相当高的交易成本。

综上所述，自 20 世纪 90 年代以来，全球越来越强调公司的社会责任，公司越来越多地采用公司行为守则，这是一个重大的新发展。公司或行业推出的自愿行为守则具有自规制意义，但也有其局限性。与多利益相关方守则和政府间守则相比，自愿行为守则涉及的问题范围往往更小，只在品牌和公司形象很重要的特定部门以及从事出口的公司中较常见，但其他领域则不然。此外，已有的公司行为守则确实涵盖了公司的供应商，但未必延伸到供应链的所有环节，而且此类守则有一种倾向：它们所处理的问题数量有限，且其侧重的问题具有特定性，那些在发达国家引人注目的问题在大多数守则中占据显著地位，但未必体现了发展中国家特别关注的问题。公司行为守则的要求还有可能使处境最不利者如童工或小供应商的处境恶化。跨国公司为确保社会责任合规会集中选择几个大供应商，导致难以监测的小供应商被逐出全球生产网络，使最弱势群体根本没有机会进入出口市场。因此，正如詹金斯所说，公司或行业行为守则并不是解决经济活动全球化所造成的问题的办法②，这些守则的局限性和危险性是真实存在的。

结语　全球供应链诱发的企业社会责任治理变迁

20 世纪 70 年代，随着外包模式的展开，跨国公司纷纷将原料生产、半成品生产、零部件加工、成品组装、包装和发运销售分别安排在许多不同的国家和地区，全球供应链体系逐渐形成。跨国公司可以按照供应链生产企业所在地的劳动

① Zadek S, Raynard P. Ethical Trade Futures ［R］. London：NEF, 2000.
② Jenkins R. Corporate Codes of Conduct-Self-Regulation in a Global Economy ［R］. Geneva：UNRISD, 2001.

力成本获得产品，在实现价格优势的同时还免除了劳工和环境风险；发展中国家的供应商在激烈的价格竞争中没有太多选择空间，只能挤压环境或劳工成本，由此导致企业社会责任被忽视的情况愈演愈烈，跨国公司却可以利用这种"逐底竞争"来获利。面对这种变化了的世界经济生产结构，国家面临着规制能力不足或规制意愿不足的窘境，传统的以国内法为主的企业社会责任规制体系无力应对，由此诱发了全球层面企业社会责任治理格局的变化，政府间治理机制以及更重要的跨国私人规制体系发展起来。面对越来越大的社会压力，跨国公司和行业协会开始通过行为守则、生产指南和监控标准管理公司及全球供应商的行为。[①] 行业以外的社会团体和非政府组织也积极参与私人规制。巴特利利用集体行动的概念对私人规制做出了解释——作为国家、非政府组织、企业和其他非市场行为体之间矛盾的产物，私人规制可以解决困扰已久的集体行动难题：维护企业声誉、向消费者提供市场信息、在采取环境社会友好生产方式的同时维持市场竞争优势。非政府组织在私人规制体系中发挥了至关重要的作用，它们创造性地利用了全球公司面对其公众声誉和品牌价值威胁的脆弱性，推动了私人规制体系的发展。如今全球层面已经建立了从报告制度到认证和管理标准等各种私人规制规范和规则体系，私人行为主体之间关系呈现日趋制度化的趋势。[②] 第一次变迁后出现的企业社会责任跨国私人规制体系有助于改进经济全球化背景下的企业社会责任绩效，但研究表明，其发挥效用有许多前提条件，在现实中这些条件往往不能得到满足。就其影响来看，跨国私人规制体系提升标准后可能使最不利者的处境恶化，特别是导致小供应商被逐出全球生产网络，剥夺了最弱势群体进入出口市场的机会。如学者指出的，跨国私人规制体系的局限性和危险性是真实存在的。

---

① Gereffi G，et al. The NGO-Industrial Complex［J］. Foreign Policy，2001（8）：56-65.

② Pattberg P. The Institutionalization of Private Governance：How Business and Nonprofit Organizations Agree on Transnational Rules［J］. Governance：An International Journal of Policy，Administration，and Institutions，2005，18（4）：589-610.

第二篇

21世纪第二个十年：当代企业
社会责任治理的第二次重大变迁

第四章　第二次变迁：国家的"回归"及以全球供应链为杠杆的硬法治理

第一节　国家通过硬法"回归"企业社会责任治理

一、国家"回归"的含义

使用"回归"一词，并不是说国家曾经离场。事实上，正如斯特兰奇所说，除非施展权力和拥有权威的人允许，市场不可能在政治经济功能方面发挥主导的作用。① 这里使用"回归"，是指与之前国家权威相对衰落、市场中私人权威上升的图景相比，一些国家正在通过国内硬法强制推动企业进行供应链社会责任治理，使企业对自身活动及其供应链上的人权、环境影响具有可问责性和可执行性。与此前政府间国际组织的跨国软法治理相比，国家正在以更积极的监管者的身份试图发挥更大的作用。

苏珊·斯特兰奇在 20 世纪 90 年代写就的《权力流散》一书中指出，世界政治的重心在 20 世纪后 1/4 的时间里已经发生了转移，从国家的公共机构转向了各种各样的私人实体，从国家转向了市场及市场操作者。然而近几年来，根据学者的观察，一种"国家角色的现实主义复归"的反向趋势正在出现，我们正目

---

① 苏珊·斯特兰奇. 国家与市场［M］. 上海：上海人民出版社，2019：25.

睹全球范围内的"国家归来",国家重新回到世界舞台的中央。① 从中期看,未来的全球体系重建过程将充满国家中心主义与自由主义两种理性的持续角力,国家与市场的作用都将在"拉锯战"中相互影响与重塑。从远期看,新型全球化将是国家与市场关系再平衡的产物,国家仍是兼具服务本民族发展及其外部性的主要工具。出现这一新趋势,部分可以归因于全球化背景下全球治理的滞后——全球治理主体的碎片化加剧了国际社会的系统复杂性,高度全球化导致某些重要国家的"一国之难"可能很快扩散为全球危机,但在危机充分暴露之前,国际社会往往无法形成严密、系统、高效的预防方案,全球治理相对于全球危机出现严重滞后。于是自世纪之交开始,全球化进程的潮起潮落伴随着新自由主义在世界各国内政外交的双重失落,国家角色则出现现实主义复归。②

二、国家硬法"回归"企业社会责任全球治理

在企业社会责任全球治理领域,不同于跨国公司、行业协会、非政府组织推动的跨国私人治理以及政府间国际组织推动的软法治理,近几年来一些国家通过国内硬法设立了具有法律约束力的、可执行的人权尽责或可持续尽责的义务性规定,配合以问责和制裁措施。这些国家层面的、强制要求企业进行供应链溯源和供应链尽责管理的硬法规范使企业对其自身活动、商业关系或供应链上的人权或环境影响变得可问责、可执行。在这一意义上,我们说企业社会责任全球治理领域正呈现"国家归来"或"国家重新回到世界舞台中央"的趋势。此类立法的典型代表是欧盟主要成员国围绕可持续、工商业与人权等议题出台的强制性供应链尽责立法,如法国于 2017 年出台的《企业警戒责任法》、德国于 2023 年 1 月生效的《企业供应链尽责管理法》、荷兰于 2019 年出台的《童工尽职调查法案》等。③ 这些立法呈现出以下共性:①立法主体是单一的民族国家。②具有强制性特征。不同于之前主要由国际组织推动的企业社会责任软法,上述新立法呈现出明显的硬法化趋势,④ 包含了有约束力的人权尽责或可持续尽责的行为标准、法

---

① ② 吴白乙,张一飞. 全球治理困境与国家"再现"的最终逻辑 [J]. 学术月刊,2021 (1).

③ 此外,一些非欧盟成员国如挪威也在 2021 年通过了《关于企业透明度和工作中的基本人权及体面工作条件的法律》。

④ Macchi C, Bright C. Hardening Soft Law:The Implementation of Human Rights Due Diligence Requirements in Domestic Legislation [A] //Buscemi M, Lazzerini N. Legal Sources in Business and Human Rights-Evolving Dynamics in International and European Law [M]. Leiden:Brill, 2020.

律评价、制裁与救济。① 在 2015 年英国的《现代反奴隶制法案》、2017 年法国的《企业警戒责任法》、2021 年德国的《企业供应链尽责管理法》、2019 年荷兰的《童工尽职调查法案》中都可以看到上述法律元素，内容小至仅要求披露与人权有关的信息，大至要求公司进行全面尽责管理并制订尽责计划。③要求企业采取系列措施，管理、识别、预防和缓解经营活动中已产生的或潜在的人权、环境影响。④要求企业不只关注自身行为的影响，还要关注与其有业务关系的企业或供应链上企业造成的影响并尽力消除之。

三、国家"回归"的工具：强制性立法

（一）强制披露义务

披露类立法要求公司在报告中披露其对人权和环境的一般影响及相关信息，以推动公司履行社会责任。其典型代表有 2015 年英国的《现代反奴隶制法案》、2014 年欧盟的《非财务报告指令》等。此类立法借鉴了"点名羞辱"监管策略，着力确立强制性的披露义务。其背后的逻辑是，将应受谴责的行为公布于众有助于消除此类行为。披露义务要求公司"要么合规要么解释"（Comply or Explain），即公司要么在报告中声明遵守相关义务，要么需解释未能遵守的原因。

至于企业社会责任披露义务立法的效果，可谓褒贬不一。此类立法披露义务的关注点在于公司是否提供报告，而不是报告的内容和准确性；除少数立法规定了刑事责任外，公司不提供报告通常并不会受到有效的制裁。易言之，披露类立法仅要求公司报告尽责实践，但不要求它们根据调查结果采取行动。可见，这类立法主要借力外部的利益相关者（如消费者和投资者）的选择对企业施加压力，推动社会责任的履行。英国 2015 年的《现代反奴隶制法案》明确要求特定企业公开披露"反奴役与反人口贩运"声明。该法通过一周年后，有很多研究质疑企业的行为是否真的发生了改变，对披露法和报告义务的效果持怀疑态度。该法实施五周年后的另一份评估报告认为，由于法律监督薄弱，法的适用范围有限且在实践中未得到强制执行，导致实践中公司制作报告时多选择最低限度地满足法律的程序性要求。然而，发表声明本身并不会防止现代奴隶制。还有研究对这些法律之下提交的各种声明进行分析，其结论是，公司的反应更多是象征性的而非

---

① Gupta A, Asselt H V. Transparency in Multilateral Climate Politics: Furthering（or Distracting from）Accountability［J］. Regulation & Governance, 2019, 13（1）: 18-34.

实质性的;①公司并没有认真努力解决其供应链中的现代奴隶制问题。2014年，欧盟发布了《非财务报告指令》，要求企业报告社会责任履行情况。对该指令效果的评估认为，其在执行方面留有相当大的灵活性，并不要求使用非财务报告标准或框架，也未规定详细的披露要求，公司在操作中有很大的灵活性，能够以它们认为最有用的方式披露相关信息，这意味着企业可能通过修饰报告而以最小的成本规避承担责任。②有学者认为，强制披露失败的根本原因是其建立在一条脆弱的因果链上，而唯有当监管者、信息披露者、信息披露对象均能熟练扮演自身角色的前提下，该制度才能获得成功，但是，在现代社会浩如烟海的数据信息面前，完成"筛选—识别—分析—反馈"的工作无疑是一项浩大的工程，几乎超出了任何一个人的认知——哪怕是一项简单的 iTunes 软件下载也会"扩展成为32 英尺（9.7536 米）的小字体合同"。③在这一情形下，信息披露的每一个环节几乎都存在损耗。

综上所述，在披露类立法下，发布声明是立法对企业提出的唯一要求，法律并不含有任何监督或对违规公司进行制裁的强制执行机制。④这就导致在实际操作中，披露义务被许多公司当作一种打钩练习，现实中出现了选择性披露、印象管理、无法比较的披露以及将披露作为目的本身（而不是导致组织变革的过程）等问题。⑤以上种种都表明，这种基于市场选择的立法具有局限性：首先，只有在消费者愿意根据非物质利益来改变他们的购买决定，或是投资者愿意以此作为其投资决策的考量因素时，信息披露制度才会有效；其次，这种立法路径的实质是把对企业问责的职能完全分配给消费者、投资者和社会公众，而国家作为监督执法的角色被淡化甚至消解了。

---

① Norlan J. Hardening Soft Law: Are the Emerging Corporate Social Disclosure and Due Diligence Laws Capable of Generating Substantive Compliance with Human Rights Norms [J]. Revista de Direito Internacional, 2018, 15 (2).

② Sjafjell B. Why Law Matters: Corporate Social Irresponsibility and the Futility of Voluntary Climate Change Mitigation [J]. European Company Law, 2011, 8 (2): 56-64.

③ 欧姆瑞·本·沙哈尔，卡尔·E. 施耐德. 过犹不及：强制披露的失败 [M]. 陈晓芳，译. 北京：法律出版社，2015：38-39.

④ Cafaggi F. Sales in Global Supply Chains: A New Architecture of the International Sales Law [EB/OL]. [2019-01-28]. https: //papers. ssrn. com/sol3/papers. cfm? abstract_id=3314982#.

⑤ Hess D. The Transparency Trap: Non-Financial Disclosure and the Responsibility of Business to Respect Human Rights [J]. American Business Law Journal, 2019, 56 (1).

（二）国家监督和执行机制

对披露类立法效果的反思呼唤国家以更积极的监管者的身份介入，加强法律的执行和制裁力度成为立法改革的方向。因此，近几年的新立法超越了主要依靠点名羞辱来推动企业履行社会责任的做法，改为倚重执行和制裁制度对企业进行消极威慑。2019 年荷兰的《童工尽职调查法案》、2021 年德国的《企业供应链尽责管理法》、挪威的《关于企业透明度和工作中的基本人权及体面工作条件的法律》等立法向企业问责迈出了重要一步，通过国家的监督和执行机制敦促企业履行社会责任。以 2019 年荷兰的《童工尽职调查法案》为例，其核心义务主要有两项：第一，该法案所涵盖的公司必须调查是否有合理理由怀疑其自身或供应链所提供的产品或服务是由童工生产的。公司进行此类调查时必须关注可以合理了解和可访问的来源，若可以合理推定产品或服务涉及童工，公司应根据联合国《指导原则》或经济合作与发展组织的《跨国公司准则》等国际规范制定行动计划防止这种影响。因此，法案要求的不是公司提供在其供应链中不会出现童工的保证，而是公司已经采取了可合理预期的行动来防止这种情况的发生。第二，公司必须向监管机构提交一份声明，确认其已进行了适当程度的供应链尽责管理，以防止使用童工。未能依据该法案提交声明的公司将被处以 4500 欧元的罚款；未能按照该法案要求进行尽责管理或制定和执行行动计划的公司可能会被罚款，最高不超过公司上一财政年度营业额的 10%。如果在过去五年中公司曾因违反该法案的同一要求而被处以罚款，并且新的违规行为是在同一董事的命令或实际领导下实施的，该董事将承担刑事责任，可能被处以长达两年的监禁。该法律具有治外法权效力，因为它涉及将商品或服务带入荷兰市场的公司并适用于其整个供应链。

2021 年德国的《企业供应链尽责管理法》是德国对供应链尽责义务立法的重大变革，首次对公司施加了建立、实施和更新供应链尽责管理程序的约束性义务。该法强调尽责管理的预防功能，要求公司改变其行为，并通过采取预防措施来防止对人权和环境的损害。为此，公司需为自己的业务及直接供应商建立有效的风险管理体系，系统地进行风险分析，并对间接供应商进行特别的风险分析，以识别劳工和环境风险。该法创设了强有力的监管和执行机制，如果受影响的当事方指责公司未能遵守尽责管理义务而导致其权利受到侵犯或威胁，德国联邦经济事务和出口管制办公室必须采取行动，调查公司是否违反了相关尽责义务、是否曾努力消除负面的人权影响，并根据公司违规严重程度处以罚款。不遵守尽责管理要求可能导致公司罚款总额高达 500 万欧元。此外，公司需任命一名合规官，建立投诉机制和举报制度。在出现严重健康损害或死亡等人权伤害的情况下，合规官可能会因违反职责而受到罚款或监禁。

（三）民事责任制度

以 2017 年法国的《企业警戒责任法》和瑞士的《负责任企业倡议》① 为代表的立法不仅要求企业全面履行人权、基本自由、人身健康、安全以及环境保护等义务，还创设了新的民事责任，受害者可以依据该法提起民事侵权诉讼和索赔救济。根据法国的《企业警戒责任法》，未能公布或执行警戒计划的公司将受到行政制裁；如果公司未能正确执行计划而造成损害，受到伤害的人可以提起民事侵权诉讼并要求救济，母公司可能要承担民事责任。该法律的解释性备忘录表明，其立法目标是通过确立母公司在自身、子公司及其直接或间接控制的公司的活动中识别、预防和解决人权问题的警惕义务，以此实施《联合国工商企业与人权指导原则》。与国家监督和执行机制相比，民事诉讼制度会使企业面对更大的法律不确定性和问责风险。

尽管德国的《企业供应链尽责管理法》规定，该法并不创设新的民事责任，且法律未明确规定私人主体可以通过民事诉讼来主张人权以及环境权益，但该法在"民事程序"框架下规定了"特别诉讼担当"制度（第 11 条）。据此，该法第 2 条第 1 款所规定的极为重要的法定人权受到损害的主体可以授权德国国内的工会或者非政府组织以诉讼的形式主张其权利。本质上，德国国内工会或非政府组织对他人权利的主张属于"民事诉讼程序"。有学者指出，这里的"特别诉讼担当"制度在德国现行立法中是史无前例的，因为它突破了"私法中仅能由权利人自己主张权利"这一民事诉讼基本原则。②

欧盟一些主要成员国近年来新出台的企业社会责任强制立法呈现出以下趋势：第一，法律所调整的领域逐步扩大，从强迫劳动、童工或冲突矿产等单一问题扩展为跨部门和跨领域的人权的全面覆盖，甚至涵盖了气候变化方面的尽责问题。第二，公司承担的尽责义务内容越来越广泛，从仅仅要求信息披露发展到担责模式。第三，法律责任形式更加多元化，从传统的行政处罚发展到最近几年引入民事责任。

---

① 瑞士的倡议已于 2020 年 11 月被全民公投否决。
② 张怀岭. 德国供应链人权尽职调查义务立法：理念与工具 [J]. 德国研究，2022，37（2）.

第二节　以全球供应链为杠杆的反身法治理

一、企业社会责任治理重点：从公司行为到供应链的影响

斯特兰奇在《权力流散》一书中指出，要理解当代的世界秩序，无论是想维护它还是想变革它，都需要既关注国家的国际政治体系，又关注主导国在其中的作用，还要关注全球生产结构。[①] 在本书提到的第一次治理变迁中，正是全球生产结构变化和全球供应链兴起引发了市场权威与国家权威的此消彼长。在当下正在发生的第二次企业社会责任全球治理变迁中，全球供应链更是成为治理的核心领域。

在早期，对企业劳工、环境负面影响的批评多集中在不良的公司行为上。然而近些年来，越来越多的研究从跨国公司业务外包、国际投资以及国际贸易的结构性视角思考这一现象，并将其与供应链联系起来。如前所述，经济全球化的过程中，由于各个国家和地区的法律与行为准则标准不一，受逐利驱动的跨国公司通过外包将企业社会责任转移或转嫁给其他企业——在外包模式下，跨国公司将商品设计、服务与经营和加工环节分离，将对劳工和环境更具直接影响的加工制造等环节外包给供应商，而后者位于社会责任标准更低、公众压力更小的发展中国家。[②] 传统的跨国公司拥有整个生产过程的纵向一体化生产模式逐渐被打破，国际生产越来越多地发生在由没有直接所有权关系的主导企业所协调的分包商网络中。这种合同网络制不仅使跨国公司可以按照供应链生产企业所在地的劳动力成本获得产品，还在实现了价格优势的同时转移了劳资冲突和环境风险——供应商和跨国公司均具有的独立法人地位，供应商经营所造成的社会影响与跨国公司之间的法律联系被切断了。处于强势地位的供应链主导企业即跨国公司在选择供

---

① 苏珊·斯特兰奇. 权力流散：世界经济中的国家与非国家权威［M］. 北京：北京大学出版社，2005：20.

② Muller A. Global Versus Local CSR Strategies［R］. European Management，2006（24）：189-198；Levis J. Adoption of Corporate Social Responsibility Codes by Multinational Companies［J］. Journal of Asian Economics，2006（17）：50-55.

应商时以竞价为交易规则，为降低成本而一味压价，并不考虑供应商的承受能力，使供应商的利润空间越来越小。承接了外包生产业务的加工制造企业只是整个产业链中影响力相对较小或竞争激烈的一部分，在利润微薄的情况下为了生存，往往就冒着社会责任缺失的风险，向生态和生命索取利润。与此同时，一再压低采购价格的跨国公司却得以利用这种"逐底竞争"来赚取品牌价值链中的超额利润。在这种情况下，如何有效地进行供应链社会责任治理受到了学界与业界的广泛重视。

供应链社会责任研究已经成为近年来管理学研究的热点。企业社会责任是供应链管理中的一个多维概念，被定义为供应链成员在社会、道德、环境、慈善和人权问题上的自愿行动，可以带来积极的声誉并增强渠道的权力。早期关于供应链企业社会责任的研究主要关注企业社会责任的引入对供应链企业的影响。近年来，关于企业社会责任对供应链管理影响的研究也越来越多，包括伦理采购、企业社会责任的测量、企业社会责任在供应链管理中的绩效影响、基于企业社会责任的供应链实践、企业社会责任绩效监控等。① 研究发现，现实中已有越来越多的跨国公司开始在供应链中推行社会责任，通过跟踪供应链上各个合作伙伴的劳工使用、环境保护和社会责任实践情况确保社会责任的履行，保证企业自身处于有利的竞争态势，并将在供应链内实施企业社会责任作为战略管理的重要内容。② 近些年来，不少国外学者深入探讨了处在供应链不同位置的企业如何具体推进和履行企业社会责任。例如，赫塞·科鲁兹（Jose M Cruz）研究了在企业社会责任环境下的动态供应链网络。③ 薛哲夫等研究了由制造商、分销商和零售商组成的具有企业社会责任的网状供应链，构建了使系统最优解处于稳定状态的制

---

① Feng Y, Zhu Q, Lai K H. Corporate Social Responsibility for Supply Chain Management：A Literature Review and Bibliometric Analysis [J]. Journal of Cleaner Production, 2017 (43)：296-307；Modak N M, Sinha S, Raj A, et al. Corporate Social Responsibility and Supply Chain Management：Framing and Pushing Forward the Debate [J]. Journal of Cleaner Production, 2020 (273)；Huang G, Tong Y, Ye F, et al. Extending Social Responsibility to Small and Medium-sized Suppliers in Supply Chains：A Fuzzy-set Qualitative Comparative Analysis [J]. Applied Soft Computing, 2020 (88).

② Levis J. Adoption of Corporate Social Responsibility Codes by Multinational Companies [J]. Journal of Asian Economics, 2006 (17)：50-55.

③ Cruz J M. Dynamics of Supply Chain Networks with Corporate Social Responsibility through Integrated Environmental Decision-making [J]. European Journal of Operational Research, 2008, 184 (3)：1005-1031.

造商之间基于企业社会责任协作的竞争战略模型。① 佩德森（Esben Pedersen）和安德森（Mette Andersen）进一步研究了全球供应链中确保企业社会责任行为的措施，以及如何管理采购商与供应商之间的行为规则。② 马提拉（Martela）认为，供应链社会责任管理工具主要有三种：①设立供应商社会责任要求；②对供应商进行监督和审计；③帮助供应商建立社会责任意识并提供相应的培训。③ 阿甘（Agan）等将绿色供应商开发活动分为供应商评估、供应商激励和直接参与。总体来看，与供应链企业社会责任相关的方法主要有评价和协作两类④，评价是指对供应商可持续性方面的评估与监视，协作是指通过各种做法与供应商一起努力使其取得社会责任方面的进步。李金华等学者将供应链社会责任治理机制定义为"供应链上的企业采取的旨在提高其合作伙伴的社会责任水平，而对二者间关系进行管理的实践"。⑤ 这一机制可被进一步细分为监督、评估、激励和协助。监督与评估在管理性质上存在差异，监督属于事中控制，具有即时性，能够现场发现问题，使被监督者不得不做出改进；评估属于事前或事后控制，具有时滞性，留给被评者缓冲应对的空间较大。在企业信用体系不健全情况下，监督与评估可能具有不一样的效果。同时，激励与协助也具有性质上的差异：激励主要是指给予合作方利益上的回馈，它对企业社会责任的改善作用是间接的；协助主要是指给予合作方改善企业社会责任所需的人力物力上的帮助，它对企业社会责任的改善作用是直接的。对于实力有限的中小型企业，相比给予利益上的回馈，为之提供人力物力的帮助以直接改善其社会责任表现更容易被管理者接受。

从业界实践来看，2004 年，美国财富 500 强中 90% 以上的企业（供应链中

---

① Hsueh C F, Chang M S. Equilibrium Analysis and Corporate Social Responsibility for Supply Chain Integration [J] . European Journal of Operational Research, 2008, 190 (2): 116–129.

② Pedersen E R, Andersen M. Safeguarding Corporate Social Responsibility (CSR) in Global Supply Chains: How Codes of Conduct Are Managed in Buyer–supplier Relationships [J] . Journal of Public Affairs, 2006, 6 (3): 228–240.

③ Martela M. The Significance of Culture in Promotion of Corporate Responsibility in the Supply Chain: A Case Study of India [M] . Lahti: Helsinki University of Technology, 2005.

④ Sancha C, Gimenez C, Sierra V. Achieving a Socially Responsible Supply Chain through Assessment and Collaboration [J] . Journal of Cleaner Production, 2016, 112 (20); Gimenez C, Sierra V. Sustainable Supply Chains: Governance Mechanisms to Greening Suppliers [J] . Journal of Business Ethics, 2013, 116 (1): 189–203; Large R O, Thomsen G C. Drivers of Green Supply Management Performance: Evidence from Germany [J] . Journal of Purchasing and Supply Management, 2011, 17 (3): 176–184.

⑤ 李金华, 黄光才. 供应链社会责任治理机制、企业社会责任与合作伙伴关系 [J] . 管理评论, 2019 (10): 242–244.

的主导企业）已经将企业社会责任纳入战略管理体系中，制定或指定了供应链所需要遵守的企业社会责任内部和外部守则。这些企业包括沃尔玛、通用电气、宝洁等世界知名企业，它们拥有雄厚的资本、掌握了核心技术，具有品牌效应并坐拥用户群体或营销网络渠道。这些企业制定并开始执行一套完整的内部和外部社会责任守则，如麦当劳就针对自身的供应链体系制定了一套严格的社会责任守则，并通过自查、评估、认证、突击检查等手段来保证合作伙伴的社会责任得到履行。①

二、2017 年法国的《企业警戒责任法》与德国的《企业供应链尽责管理法》

供应链企业社会责任强调，供应链上节点企业的社会责任行为存在传导性、连带性、放大性等特点，将影响整个供应链。基于上述认识，法国于 2017 年出台了《2017 年 3 月 27 日关于母公司和承包公司义务的第 2017-399 号法律》（简称《企业警戒责任法》），扩大了企业社会责任的承担主体的范围，规定跨国公司有义务识别和防止公司、子公司和供应商的经营活动对环境和社会产生的不利影响。由此，法国成为世界上第一个通过人权和环境尽责全面立法的国家。《企业警戒责任法》增加了供应链主导企业（Chain leader）针对其子公司以及供应商制定、实施和公布风险监控方案的义务，违反该义务将依据《法国民法典》第 1240 条和第 1241 条承担民事损害赔偿责任。该法意味着公司有义务防止其自身活动及子公司和分包商的活动对健康、人权和环境产生风险和造成伤害，有评论认为，这部法律建立了"影响最深远的"强制性人权尽责制度，是第一部将此类尽责纳入国内法的法律。②《企业警戒责任法》规定，适用该法的企业必须制订"警戒计划"，其中包含合理且充分的措施，以识别和防止公司及其直接和间接子公司以及与其建立了业务关系的分包商或供应商的活动对人权和基本自由、健康和安全以及环境造成的严重影响。不过，该法并未定义何为"严重影响"。公司所制订的"警戒计划"必须包括：①绘制风险图；②有关子公司、分包商和供应商情况的定期评估程序。可见，公司的人权尽责计划扩展到子公司以及已建立了商业关系的商业伙伴（分包商、供应商）的业务；③采取适当行动，

---

① Boyd E, Spekman R E, Kamauff J W, Werhane P. Corporate Social Responsibility in Global Supply Chains: A Procedural Justice Perspective [J]. Long Range Planning, 2007 (40): 341-356.

② Savourey E, Brabant S. The French Law on the Duty of Vigilance: Theoretical and Practical Challenges since its Adoption [J]. Business and Human Rights Journal, 2021, 6 (1): 141-152.

减轻风险或防止对核心人道主义原则所涵盖的领域产生严重影响；④与被视为公司内部代表的工会协商建立风险警报机制；⑤建立对所实施的措施进行监控并评估其有效性的系统。根据该法，公司必须遵循三原则：一是与公司的利益相关者合作制订警戒计划；二是该计划必须"有效实施"；三是该计划及其实施报告必须公开，并列入公司的年度管理报告（提交给股东大会）。如果公司未能制订、实施或发布警戒计划，则任何相关方均可向有关司法管辖区提出申诉。在接到要求其遵守法律的正式通知后，公司将有 3 个月的时间履行其义务，如果 3 个月结束后仍无法履行义务，法官可以要求公司发布警戒计划，并对警戒计划是否完整、是否符合法律规定做出裁决。根据该法第 2 条，一旦发生公司的警戒计划中识别的风险并造成了损失，公司需承担责任并赔偿损失。

2020 年 3 月，德国联邦劳动和社会事务部（BMAS）提出了德国的《企业供应链尽责管理法》。2021 年 6 月 11 日，该法获德国联邦议院通过，将于 2023 年 1 月 1 日和 2024 年 1 月 1 日分阶段生效。该法将人权与环境保护纳入立法宗旨，属于强制性特别立法。它是德国对供应链尽责义务的重大立法变革，既体现了德国纠正供应链人权保障软法机制失灵的客观需求，也展示了在该领域树立"德国样本"的主观意愿。[①] 在德国的《企业供应链尽责管理法》下，企业有义务通过"保证""合同控制机制条款""培训和继续教育"以及"编制适用于供应商的行为准则"等方式，将该法规定的人权保障与环境保护义务"传递"给处于其供应链上下游的企业，并有义务通过独立第三方机构认证等控制机制来确保供应商合规，在供应商不能遵守相关规范时应使之面临"临时中止"或者"完全终止"商业关系的风险。基于法律适用确定性的考虑，德国的《企业供应链尽责管理法》对"供应链""直接供应商"和"间接供应商"的概念进行了立法界定。其中，供应链涉及一个企业的所有产品和服务，涵盖所有国内外对于产品生产和服务提供必要的、从原材料的获取到向最终用户供应的所有步骤，包括企业自身经营范围的活动、直接供应商的活动以及间接供应商的活动。"自身经营范围"涵盖企业为了实现经营目的而从事的任何一项活动，包括产品的生产和利用活动以及服务的提供，无论是发生在国内还是国外。在组成康采恩的企业中，若康采恩母公司对于隶属于康采恩的企业发挥决定性影响，这些企业也被划入母公司的自身经营范围。直接供应商是指企业产品供应合同或者服务提供合同的合作伙伴，

---

① 张怀岭. 德国供应链人权尽职调查义务立法：理念与工具［J］. 德国研究，2022，37（2）.

并且其供应对于企业产品的生产或服务的提供和保障不可或缺。间接供应商是指一个企业虽然不是直接供应商，但其供应对于企业产品生产或服务的提供和保障不可或缺。企业供应链尽责义务的具体行为类型和内容是德国《企业供应链尽责管理法》的核心。其中第3~10条通过供应链尽责义务的"一般性要件"与"具体行为义务"相结合，规定了企业尊重和保护人权与环境，识别、预防、终止或减少人权与环境风险的法律义务。企业供应链尽责义务主要以企业的组织机构为指向，是一种程序导向的义务。该法第3条第1款规定，企业应当在其供应链中以适当方式遵守该法所确定的人权与环境保护的注意义务。性质上，供应链尽责义务属于民法上的"注意义务"，但这种义务并非一种"结果义务"或担保责任，而是一种所谓"努力义务"，即企业仅应在其既有的影响力范围内促进其供应链中的人权和环境权益的保障。① 德国立法者强调，该法并非对企业提出"法律上和事实上不可能之要求"。这意味着，在义务是否履行的判断上，即便存在人权与环境侵害的结果，如果企业以适当的方式采取了"预防措施"或者"降低了侵害的后果"，基于比例原则的要求，也不能得出企业违反了法定义务的结论；相反，即便人权与环境侵害的"后果"并未出现，企业也可能因"未充分考虑努力义务"而承担责任。供应链尽责义务的广度取决于企业影响力的强度。基于识别、预防、终止或减少法定的人权和环境风险的目的，德国立法者通过"类型化"和"要素化"将企业供应链尽责义务具体化。该法第3条第2句划分了九种类型的具体行为义务：①建立风险管理机制；②确定企业内部的权限分工；③常态化的风险分析；④发布人权与环境保护原则声明；⑤在企业自身经营范围内以及针对直接供应商采取预防措施；⑥采取补救措施；⑦建立申诉程序；⑧间接供应商风险中注意义务的转化措施；⑨存档和报告义务。从风险管理和分析角度，上述义务要求公司必须在其自身的业务领域建立涵盖所有相关业务流程的风险管理系统，任命一名负责人（如合规专员、人权专员），并进行定期和临时风险分析（第4条、第5条），此外还需建立一个投诉系统，使他人得以举报公司自身业务领域以及直接或间接供应商违反德国《企业供应链尽责管理法》标准的行为（第8条、第9.1条）。公司管理层每年必须审查指定负责人的工作，并随时了解潜在风险和违规行为。

---

① 张怀岭. 德国供应链人权尽职调查义务立法：理念与工具［J］. 德国研究，2022，37（2）.

三、反身法范式下的企业社会责任治理

反身法（Reflective Law）的概念是 1983 年由德国法学家托依布纳（Gunther Teubner）率先提出的。① 他在《现代法中的实质要素和反思要素》一文中将法律的演进分为三个阶段：形式法（Formal Law）、实质法（Substantive Law）和反身法（Reflexive Law）。形式法的目的在于通过规则设置使私法主体能够追求内心的真实意思，并依据该真实意思创设规则，典型的例证为合同的创设。实质法则聚焦于如何通过国家干预和监管来达到预设目标，以监管代替自治来弥补市场失灵。这种模式下，政治制度设定了目标，法律则是达成这些目标的工具，通过规则、原则和标准来实现目标。托依布纳指出，由于社会日趋复杂化、多元化，依赖大量实质法进行社会事务的监管引发了"干预主义国家的危机"（Crisis of the Interventionist State）。这种危机的根源在于实质法无法满足日益多元化的社会需求。当社会的复杂程度超越了干预主义的有效控制范围时，"法律和官僚机构无法纳入足够丰富的社会现实模型，使其能够有效应对经济管理危机"②；此外，追求完全以法律来规制社会问题可能导致一个庞大的法律体系产生，而这一庞大的法律体系将超越任何个体的认知能力，这样一来，法律本身的行为指引作用将不复存在。随着实质法的大量增加，立法者还将无法协调和重组规制同一行为的不同法律之间的关系，造成大量立法重复和立法浪费的现象。③ 反身法理论正是产生于"干预主义国家的危机"背景下。面对日益复杂的社会结构以及层层分化的社会功能，当不断细化的实质法已经不能满足社会的需求，反身法通过创设"监管下的自治"（Regulated Autonomy）来寻求一条形式法与实质法之间的中间道路，将实质法的直接规制转为反身法间接规制。反身法的间接规制并不直接介入其他社会子系统进行直接约束，而是要通过有效的内部控制来取代传统命令控制型的外在控制，它提供组织规则和程序，旨在通过自我规范的社会体系实现"监管下的自治"。

---

① Teubner G. Substantive and Reflexive Elements in Modern Law ［J］. Law & Society Review，1983，17（2）：239.

② Teubner G. Substantive and Reflexive Elements in Modern Law ［J］. Law & Society Review，1983，17（2）：239-285.

③ Orts W. Reflexive Environmental Law ［J］. Northwestern University Law Review，1994，89（4）：1227-1299.

　　在传统范式下，企业社会责任的规制包含以下两类：①实质法体系下的企业社会责任规制。具体来说，监管部门通过明确的法律、法规或政策性文件为企业行为提供稳定、清晰的行为指引，告知企业"有义务做什么""禁止做什么"。这一规制路径"在现代祛魅的时代巨变中暴露出了最大的隐忧，仅仅重视行为主体的行为本身而忽略了介于原则和行为之间的一个环节：由行为主体的品格、情感等因素决定的行为动机"。②自治法体系下的企业社会责任规制。这里，企业社会责任被认为是一项超越法律的自愿责任。企业可根据自身经营管理需要自主决定"企业需要什么""做什么对企业更有利"。在"股东至上"主义盛行的公司治理结构中，这一规制路径要么沦为无法实现的乌托邦，要么沦为公司营销的"洗绿剂"。商业判断规则在司法裁判中的大量适用进一步限制了企业社会责任的发展，"企业社会责任越来越靠近玻璃天花板"。① 当传统范式下的企业社会责任规制在市场多元化和社会复杂化趋势下心余力绌，以法国的《企业警戒责任法》为代表的立法展示了以反身法范式解决企业社会责任问题的新尝试。② 随着社会的复杂化和发展的多变性，结果导向（Outcome-oriented）的规制路径越来越无法满足社会的需要，而过程导向（Process-oriented）的规制路径逐渐成为主流。反身法在延续了形式法的自主性的同时保留了实质法的某些方面，同时又与形式法和实质法有显著的区别：形式法认同合同当事方之间的事先分配，反身法追求确保议价能力平等的对话机制和法律结构；实质法希望达到某种特定的合同结果，而反身法仅设置确保议价进程中各方利益和外部因素将会被列入考量的过程。③ 反身法并不是对形式法和实质法的取代，而是强调用程序化来引导被规制主体进行自我规制。

　　托依布纳反身法理论关注的重点是，法律和社会结构如何以一种复杂的方式共同演进。他的理论基础框架是哈贝马斯的商谈理论与卢曼的社会系统论。④ 根据卢曼的社会系统论，后工业社会是由功能分化的社会子系统组成的，每个子系

　　① Nijhof A, Jeurissen R. The Glass Ceiling of Corporate Social Responsibility: Consequences of a Business Case Approach Towards CSR [J]. International Journal of Sociology and Social Policy, 2010 (30): 618-631.

　　② 李相洙. 工商业与人权的反身法路径——基于法韩两国案例的分析 [J]. 李勇，译. 人权研究，2022 (1): 63-80.

　　③ 华忆昕. 企业社会责任规制反身法路径的适用与反思 [J]. 重庆大学学报（社会科学版），2021 (3): 134-147.

　　④ 莫里茨·伦纳. 社会理论法学的兴起——贡塔·托依布纳的生平、著述及影响 [J]. 周万里，译. 交大法学，2019 (3).

统都有相当程度的自治权，这意味着子系统之间的交流会受限，而且法律无法有效控制其他子系统。在卢曼的这种"社会充分复杂"系统中，后现代社会的法律秩序必须存在某些机制，使之能在功能分化的、半自主的子系统构成的复杂环境中运作。因此，在不同的社会子系统内，后现代法律秩序必须导向于自我反思的过程。反身法路径承认，后工业社会的法律已不可能控制每个子系统，应该允许甚至鼓励每个子系统的自治，而法律则应将自身角色限制于程序框架的规范中，在此规范下每个子系统自我规范并与其他子系统沟通，由此防止社会瓦解。托依布纳指出，反身法是一种新型的法律自我限制，它并不负责对社会进程的后果予以规制，而是把自己的作用限制在对调整机制的定位、矫正和重新阐释。由此，法律成为一个协调半自主的社会子系统内部及相互间行为的系统。① 反身法之所以会成为后现代法律的主要形式，是因为它鼓励在不损害复杂社会中每个子系统之自主权的基础上追求集体目的。②

反身法理论强调尊重社会子系统的运行逻辑，主张受规制者的自我规制。基于反身法理论对规制的范式进行革新，并结合其组织、程序、权能规制策略形成半自主社会系统，有助于弥补传统命令控制型模式的不足，更新规制的理念、调整规制的结构、优化组织的内部理性、增设民众参与路径，以健全系统的法律规制。通过提供程序的规范、组织的规范和权能的规范，反身法协助社会子系统达成自我管理和自我规制，实现程序的正当性。这种监管下的自治的核心在于使监管对象"内化法律所提议的内容"，"系统性地将法律规则与相关参与人所希望内化的标准相融合，该理论认为人们之所以遵守法律，其最终原因并非是正式的裁决和规则的强制力"。③

供应链尽责管理立法是以反身法模式解决企业社会责任问题的尝试——此类立法没有提供与人权或环境有关的实质性规范，而是要求企业遵循一系列预先设计的程序。立法由一系列程序性规则组成，以法国法为例，公司的警戒计划必须包含以下内容：①用于识别、分析和确定优先顺序的风险图；②根据风险图，定

① 图依布纳. 现代法中的实质要素和反思要素 [J]. 矫波，译. 北大法律评论，1999（2）：579-632.

② Teubner G. Substantive and Reflexive Elements in Modern Law [J]. Law & Society Review, 1983, 17 (2)：239.

③ Markell L, John K. Greening NAFTA：The North American Commission for Environmental Cooperation [M]. Los Angeles：Stanford University Press, 2003：5.

期评估与其存在商业关系的子公司、分包商或供应商情况的程序；③降低风险和防止严重影响的适当行动；④与企业内部有代表性的工会组织协商制定的、与风险的存在或现实化有关的预警和申诉机制；⑤监测执行措施并评估其有效性的机制。警戒计划及其实施报告应予公布，列入年度报告，接受企业董事会和股东的审查。

法国、德国等欧盟主要成员国晚近立法中的强制性供应链尽责立法旨在通过供应链治理体系中跨国公司的组织内规范以及组织间契约进行传递。这种反身法范式的强制性立法所施加的外部约束无疑会引发跨国公司以及供应链内部的变化，产生学习压力，触发学习过程。其背后的假设是，在全球供应链的跨国私人规制中增加国家权力将会强化问责制，从而促进更可持续的生产，通过私人和国家权力的混合来强化私人规制中的良好做法。

第三节　第二次变迁的背景和动因

一、软法实施效果不尽如人意

法、德等欧盟主要成员国供应链尽责硬法化现象与之前的软法效果不彰有关。虽然有一系列政府间组织推出的软法规范以及私人规制规范，但 2013 年孟加拉国仍然发生了"拉纳广场惨案"并夺去了 1100 多人的生命。这引发了公众愤怒，使之成为法国《企业警戒责任法》出台的诱因。由于拉纳广场中的纺织厂与法国公司有密切联系，法国议会就如何加强母公司对其海外活动及其供应商活动问责展开了讨论。此外，法国国内存在一些反全球化情绪，国家政治文化也对国家做相关干预存在普遍预期。[①] 这一背景下，法国前总统奥朗德领导的中左翼政府任命了一位赞成该法的经济和工业部部长，使得这部备受争议的立法在经历了国民议会四次审读、参议院三次审读之后最终获得通过。

从德国的情况来看，德国并非自始便选择了强制性规制模式，其企业社会

---

① Vacaflor A S. Putting the French Duty of Vigilance Law in Context: Towards Corporate Accountability for Human Rights Violations in the Global South [J]. Humman Rights Review, 2021 (22): 109-127.

责任的规制是从软法机制开始的。德国基民盟/基社盟与社会民主党在 2013 年 11 月发布的《联合执政协议》中有这样的表述："我们将努力促使跨国企业遵守社会、环保和人权标准。对此，国际劳工组织跨国公司与社会政策声明、经合组织指南以及联合国人权理事会的指导原则确定了框架。我们将在国内法层面转化联合国的《指导原则》。"为此，德国与部分欧盟成员国一样，首先选择了颁布"国家行动计划"的方式。2016 年，经过两年的持续对话与协商，德国联邦外交部作为主管部门公布了《经济与人权国家行动计划》（以下简称《国家行动计划》），其中体现了《指导原则》的三项支柱，即国家的人权保障义务、企业对人权的尊重责任以及获得救济的权利。在"国家行动计划"的制订过程中，企业人权保护义务及其责任的拘束力是一个棘手的问题，最终德国采取了"期待"企业履行人权保障尽责义务的立场，将《指导原则》的要求类型化为五项制度：其一，企业管理层做出决议，并对内对外发布所谓的"人权保障原则声明"，确定企业内部的责任及其分工；其二，设置人权风险尽责程序；其三，基于风险评估，采取排除消极影响的措施并对此类措施的有效性展开常规性审查；其四，建立人权尽责义务报告与披露制度；其五，设立申诉与举报机制。根据"国家行动计划"设定的目标，截至 2020 年，雇员人数超过 500 人的德国企业中至少有 50%将上述人权保障尽责义务纳入企业经营过程中，包括"企业出台政策声明并表达尊重人权的意愿""建立人权风险识别机制""制定风险应对措施"以及"建立有效的申诉机制"。另外，根据"合规或解释"的软法机制，对于未转化上述程序和措施的企业，允许其做出解释。然而，2020 年 5 月，在截止期限到来时，德国联邦外交部委托咨询机构进行的调查表明，完全满足《国家行动计划》尽责义务要求的企业仅占 13%～17%，远远低于预期。德国联邦外交部对德国大公司进行的一项调查显示，只有 22%的德国企业自愿监督其外国子公司和承包商的人权合规性。实践表明，仅仅通过企业声誉以及消费者的选择对企业施压并不足以避免和制裁跨国公司的侵犯行为，也无法为受害者提供有效的救济。供应链的自我监督模式在改变工厂层面做法方面的影响有限。[①] 尽管很多公司都在其更广泛的社会/环境评估中纳入了一些经过选择的人权标准，但是参与大型项目的公司很少组织全面的人权影响评估。此外，仅

---

① Locke R M, Qin F, Brause A. Does Monitoring Improve Labor Standards? Lessons from Nike [J]. Industrial and Labor Relations Review, 2007, 61 (1): 3-31.

有少数项目提供了社区投诉程序或救济措施。① 所有这些都表明，当缺乏来自社会的强有力监督机制时，以追求效益最大化为目标的企业就没有压力去主动承担法律以外的责任。鉴于此，德国《企业供应链尽责管理法》立法理由书称，依靠企业自愿承担责任的软法模式已经失灵，有必要在国家层面采取立法行动，建立具有法律约束力的人权尽责义务和与国际接轨的保障标准，并设置公共执行机制。② 由此，德国在供应链人权保护规制模式上实现了由多元软法机制向强制性单行法的转变。③

二、企业社会责任理论与现实之间的落差

现实中，一方面是跨国公司通过外包免除了人权、环境风险；另一方面是那些因供应链上的企业经营而受到不利影响的受害者在寻求伤害救济时面对重重障碍。导致这一障碍的原因有几个，除了企业社会责任软法机制缺乏强制性问责和制裁制度之外，也与公司法制度有关——如今大多数法域都承认公司法中的"公司独立人格"原则，即每个公司作为拥有自己的资产、权利和义务的独立法人实体，被视为独立于其所有者和管理者而存在。因此，在跨国公司通过合同将部分业务外包给其他公司后，一般不再会仅仅因持股或合同关系而对其子公司或分包商的作为、不作为或债务承担法律责任。由此造成人权受害者因公司集团业务或供应链上的企业而受到伤害时，若监管较弱的国家未能提供保护，或相关公司不合作或已破产，索赔人在转向母公司或供应链主导企业寻求救济时会遭遇公司法竖起的防火墙，其针对母公司的索赔会因此变得极其困难。"股东有限责任"和"实体的合法分离"被称为"分离原则"，这种制度框架使得跨国公司可以将生产和分销外包给一层层的子公司和承包商，却不必为其扩张性业务造成的损失承

---

① 约翰·鲁格. 工商业与人权：演进中的国际议程 [J]. 张伟，尹龄颖，译. 国际法研究，2017（3）：17-36.

② 张怀岭. 德国供应链人权尽职调查义务立法：理念与工具 [J]. 德国研究，2022，37（2）.

③ 从立法动因来看，也有分析认为德国出台供应链法是想要获得在供应链立法层面影响欧盟的"入场券"。这一观点认为，由于国际上对企业尽责管理方面的要求在不断提高，许多欧洲国家已相继出台供应链相关法律，加之欧盟《供应链法》出台在即，如果德国没有相关国内法"傍身"，就会在欧盟内部失去话语优势，出台一部名副其实的供应链法将使德国可以成为未来欧盟相关立法的支柱，德国方案可能成为欧洲解决方案的蓝图。

担相应的责任，① 或者只有在极端情况下才会成为最后补救者，② 于是受害人将完全得不到赔偿或只能得到部分赔偿。正如学者指出的，"一般假设是所有外部性都通过合同或法规充分内部化，然而这种假设并不符合全球化世界的现实"，公司是"系统地将外部性转化为利润"的工具。③ 全球供应链中的供应商、分包商等非核心地位企业虽然无法获得主导企业的利润，却要承担与主导企业相同甚至更多的劳工、环境责任。此外，当子公司出现大规模侵权问题且资不抵债时，受害者在诉诸司法寻求母公司赔偿时还常常遇到不方便法院原则的障碍。根据该原则，法院具有自由裁量权，当法院认为其他的司法管辖区与案件有更密切和实质的联系时，可能会以存在更适当的法院来裁决争议从而拒绝行使管辖权。据统计，近40%～50%的基于不方便法院驳回案件的动议在美国获得批准，其中近99%的动议从未在任何司法管辖区再次提起。④ 这也就意味着，针对跨国公司提起的有关侵犯人权行为的诉讼被以不方便法院原则为由拒绝管辖。

　　面对上述索赔障碍，批评者认为，分离原则和股东至上原则是公司对侵犯人权行为的受害者采取机会主义行动的关键促成因素，它们助长了企业的条块分割，导致了风险转移、过度冒险和对受害者缺乏补救的现象。有人提出，需要一个更宽泛的"政治"或"共同责任"架构，其目的不是通过回头看式的判决就抽象行为追究个人责任，而是"改变构造过程，以改革制度或创建一些新的制度来更好地预防有害结果的出现"，"导致受害者寻求救济的不公正事件是许多间接行为的产物……这只能通过集体行动得以纠正"。⑤ 突破分离原则被认为是应对这一缺陷的解决方案，因为它改善了受害者诉诸司法的途径，并让母公司为其错误行为和疏忽负责。这正是促使法国制定《企业警戒责任法》并设立民事责任机制推动人权尽责的重要原因，该法的解释性备忘录指出，立法旨在"鼓励跨国企业负责任地采取行动"，以防在法国和国外发生类似2013年孟加拉国"拉纳

　　① Mares R. Liability within Corporate Groups：Parent Company's Accountability for Subsidiary Human Rights Abuses［A］//Surya Deva, David Birchall. Research Handbook on Human Rights and Business［M］. London：Edward Elgar Publishing, 2020：446-470.
　　② 法律只在欺诈等有限的情况下允许通过"揭开公司面纱"原则进行例外处理从而让母公司承担责任。
　　③ Robe J P. The Legal Structure of the Firm［J］. Accounting, Economics, and Law, 2011, 1（1）：57-66.
　　④ Dodge W S. Understanding the Presumption against Extraterritoriality［J］. Berkeley Journal of International-al Law, 1998, 16（85）.
　　⑤ Young I M. Responsibility and Global Labor Justice［J］. Journal of Political Phylosophy, 2004（12）：365-387.

广场惨剧"那样的侵犯人权和损害环境的悲剧事件，并在侵害持续发生时"为受害者提供救济"。

根据国际劳工组织的估计，40 个国家的全球价值链（占全球国内生产总值的 85%）共提供了 4.53 亿个正式工作岗位，① 此外还有数亿个非正式工作与之有关。全球供应链/价值链的重要性以及企业运营中的人权影响是相关话题与规则不断发展的重要原因。② 为此，2003 年联合国发布的《责任准则草案》有史以来第一次规定，跨国公司和其他工商企业在其"活动和影响范围内"有义务增进、保证实现、尊重、确保尊重和保护为国际法和国内法所承认的人权。这里的"影响范围"意味着跨国公司不仅要考虑自身活动造成的人权影响，还要照顾其影响范围内的此类效果，这就大大延伸了企业在人权方面的法律责任。这份具有明显约束力意图的文件虽因各方分歧较大而宣告失败，但相关讨论并未就此结束。2011 年联合国发布的《指导原则》抛弃了模糊不清的"影响范围"，转而要求工商企业为"经由其商业关系"所发生的"与其业务、产品或服务直接相关"的不利人权影响负责（《指导原则》第 17 段）。《指导原则》第 13 项原则的评论指出，所谓商业关系包括"与商业伙伴、价值链中实体的关系，以及直接与其业务、产品或服务相关联的任何其他非国家或国家实体的关系"。从这一表述可以看出，工商企业的商业关系大致可分为两类：一类是与其他实体间存在的合作、供应或其他正式关系；另一类是与工商企业并无正式关系，但因与其业务、产品或服务"直接相关"而产生的关系。后者在解释上显然更有弹性，对工商业人权责任的范围也有更大的影响。

综上所述，近年来，对企业跨国经营中造成的劳工、环境负面影响的归因已经从单一企业的行为拓展到企业集团和供应链，将链条上企业造成的负面影响与供应链进行捆绑。这一趋势下，链条上企业不仅要对自身原因引起或加剧的负面影响负责，还要对经由商业关系与其他业务、产品或服务直接关联的负面影响负责。

① World Employment Social Outlook：The Changing Nature of Jobs ［R］. Geneva：International Labor Organization，2015.

② 伊利亚斯·班特卡斯. 工商业与人权之间的联系及其背后的根本原因［J］. 张伟，刘林语，译. 人权研究，2021（3）.

第五章　第二次变迁中全球供应链的杠杆作用

如前所述，在当下正在发生的第二次企业社会责任全球治理变迁中，在国家主导的反身法治理模式下，全球供应链作为社会子系统，既是企业社会责任治理的重要场域，又是国家进行全球问题治理的杠杆。

第一节　全球供应链与跨国公司母国法的域外效力

"给我一个支点，我就能撬动地球"，物理学家阿基米德这句名言讲的便是杠杆效应。所谓杠杆效应就是以小博大、借力打力。全球供应链是一个极其复杂的跨国生产网络，其影响力和权威都远远超出了单一国家的疆界。然而在反身法治理模式下，法国的《企业警戒责任法》或德国的《企业供应链尽责管理法》直接适用的每一个大型企业都必须监督其供应链中企业的人权和环境影响，企业不得不为合规考虑而通过合同、行为守则等安排将其法定义务在供应链范围内进行传导，这会使处于该国企业供应链上下游的企业被纳入"间接"适用范围，使这两部国内立法产生事实上的域外效力。从适用对象来看，法国的《企业警戒责任法》仅适用于法定所在地在法国的公司，并且只适用于最大的公司（连同其法国直接和间接子公司雇员在 5000 人以上，或连同其法国和外国直接和间接子公司雇员在 10000 人以上的公司）。虽然从数量上来看该法直接适用的企业不到 200 家，但由于这些大型企业在全球供应链中的核心枢纽地位，现实中《企业警戒责任法》的影响会扩散到数百倍数量的企业，而且随着时间的推移覆盖面将继续扩大，产生巨大的扩散效应。① 这些企业被称为"桥头堡"，通过桥头堡，法国的《企业警戒责任法》或德国的《企业供应链尽责管理法》的理念和标准会沿着全球供应链蔓延。在此意义上，全球供应链中发挥了杠杆作用，使国内法的影响得以通过一个支点延伸到域外，触及供应链上其他国家大大小小的企业。学者指出，这种新的政府干预模式代表着 21 世纪关于政府监管的理想性质和范围在思维模式方面的转变。②

全球供应链是一个全球企业自生自发形成的合作生产网络，具有两个基本特征：一是网络特性；二是该网络中各节点的权力并不对称。法莱尔和纽曼（Henry Farrell 和 Abraham L. Newman）指出，网络是社会学意义上的结构，决定了行为者能做什么或不能做什么。③ 网络的特点是不对称性，其中一些节点非常重要，社会网络往往是高度不平等的，网络的中心节点比网络中其他成员能获得更多的信息和关系，且一旦形成就可能不断强化，产生强烈的"富者愈富"效应。这就导致了网络中一种具体的、有形的、持久的权力失衡格局。像许多其他复杂现象一样，关键的全球经济网络往往会产生越来越不对称的拓扑结构，其中的交换变得集中化，主要通过几个特定节点进行流动。④ 在贸易领域也有同样的图景：贸易的流动依赖于数量相对较少的枢纽或节点，这些节点有众多链接。对该网络中关键节点拥有管辖权的国家可以通过这些节点，发挥网络的全景监狱效应以及阻塞点效应。全景监狱效应的意思是，控制住某些网络位置就可以监测整个系统的信息；阻塞点的意思是，可以通过这些关键节点对对手进行制裁。法莱尔和纽曼指出，以往人们认为全球经济是一个开放的链接系统，一个链接关闭时还会有许多替代路径，但事实上它是不对称的，对这些枢纽的控制使政府能够阻止对手获得全球经济网络关键部分。⑤ 由此，全球生产和供应网络的市场参与者在无意之中为既关心政治又关心经济的国家提供了扩大跨国影响的杠杆。全球化将

---

① 李相洙. 工商业与人权的反身法路径——基于法韩两国案例的分析 [J]. 李勇，译. 人权研究，2022（1）：63-80.

② Ryngaert C. Transnational Private Regulation and Human rights：The Limitations of Stateless Law and the Reentry of the State [M]. Strasbourg：Wolf Legal Publishers，2015：99-130.

③ Henry Farrell，Abraham L Newman. Weaponized Interdependence：How Global Economic Networks Shape State Coercion [J]. International Security，2019，44（1）：42-79.

④ John F Padgett，Christopher K Ansell. Robust Action and the Rise of the Medici，1400-1434 [J]. American Journal of Sociology，1993，98（6）：1259-1319.

⑤ Henry Farrell，Abraham L Newman. Weak Links in Finance and Supply Chains are Easily Weaponized [J]. Nature，2022（605）：220.

行动从多边国家间谈判转向私人参与者网络，这对于理解今日国家权力在国际政治中的位置和行使方式所受到的影响十分重要。①

正如法莱尔和纽曼所指出的，如今人们对网络的研究远远不够。为了更好地理解全球供应链为何能在单一国家进行的企业社会责任治理中发挥杠杆作用，有必要详细分析全球供应链网络内部的权力不对称性。

第二节　全球供应链网络内部的不对称权力及主导企业的治理工具

一、供应链主导企业的权力：来源及表现

卡法吉教授指出，全球市场中有两类销售并存："孤立"的销售和"嵌入全球供应链"的销售，这二者需加以区分。前者涉及市场中非人格化当事方之间进行的中间产品或最终产品的买卖。在这种孤立的销售中，参与者不是常规参与者，它们对供应商的选择是在市场中进行的，没有重复的互动。然而如今，大多数商业交易都属于另一种情形，即"嵌入全球供应链"的销售，这类销售发生在管理生产和分销流程的复杂链条中。全球供应链中，销售的相互依赖程度非常高，长期的双边关系嵌入在相对稳定的经济和法律系统中。各方关系属于合同关系，但这种合同不同于双方之间孤立的个别合同，而涉及链条当事方的多重互动。以稳定为特征的链条要求更强的合作，其中合同赖以产生和履行的法律环境、社会环境也不同于孤立销售中的合同。

在一笔孤立的交易中，契约双方也可能存在权力的不对称，但这与全球供应链中契约权力分配是有所不同的。供应链中存在主导企业，那些在链条上特定职能位置运营的企业能够决定谁在供应链上做什么、以什么价格交易、使用什么标准、按照什么规格、以什么形式以及在什么时间点交付。② 在监管整个供应链中

---

① Henry Farrell, Abraham L Newman. Weaponized Interdependence: How Global Economic Networks Shape State Coercion [J]. International Security, 2019, 44 (1): 42-79.

② Ponte S, Sturgeon T. Explaining Governance in Global Value Chains: A Modular Theory-building Effort [J]. Review of International Political Economy, 2014 (1): 195-223.

各单笔交易方面，供应链的主导企业发挥着重要作用，尽管它们只是该链条上许多合同中的某一个合同的一方。如一些学者所指出的，全球供应链重新定义了企业的边界及其关系①，这一边界不仅由公司法界定，也由合同界定，供应链主导企业能够在不创建新的法律实体的情况下管理链条上的相互依存关系。② 一方面，主导企业管理着供应链企业的进入或退出，它有一个全球供应商名录，通过该名录为具体的合同选择供应商；另一方面，为实施全球标准，链条主导企业还会决定供应链参与者使用的合同条款的内容。

关于合同的一般假设是双边交易中存在协商机制，但这一假设在嵌入供应链的销售合同中并不起作用。③ 研究发现，供应链中实力较强的主导企业和实力较弱的供应商之间的不对称既普遍又持久。全球供应链主导企业会发布在供应链中使用的守则和术语，决定了加入供应链的程序。这时，供应商等其他行动主体不是规则制定者，只是规则的接受者。供应链主导企业的上述权力意味着，在全球供应链中某一具体合同的条款可能是由合同以外的当事人强加的。在全球供应链中，合同的采购方很可能就是链条主导企业的"代理人"，是链条主导企业发布指示的渠道。由此，这类合同不仅是进行中间产品和服务交易的契约工具，也是向上游和下游传递知识和信息的工具。链条主导企业（买方）向卖方（供应商）提出要求时，信息就流向上游。当供应商拥有核心竞争力，并将知识传递给装配商或最终生产商时，信息就会流向下游。事实上，全球供应链合同不仅是销售合同，它们还发挥着分配风险、管理不确定性以及传递知识的功能。

20世纪80年代，在当时的"全球商品链"和"全球生产网络"研究中，供应链权力的结构和系统要素就已经受到关注。1994年，格里菲教授（Gereffi G）发展了第一个全球商品链解释框架，指出大零售商、超级市场和品牌销售商等大

---

① Holmstrom B，Roberts J. The Boundary of the Firm Revisited [J]. The Journal of Economic Perspectives，1998（12）：73-94.

② Cafaggi F，Iamiceli P. Regulating Contracting in Global Value Chains：Institutional Alternatives and Their Implications for Transnational Contract Law [J]. European Review of Contract Law，2020（16）.

③ Cafaggi F. Sales in Global Supply Chains：A New Architecture of the International Sales Law [EB/OL]. [2019-01-28]. https://papers. ssrn. com/sol3/papers. cfm? abstract_id=3314982#.

买家和生产者在推动商品链方面拥有强大的经济权力。① 全球商品链中的权力与主导企业"驱动"国际生产网络组织的能力相关。在格里菲的商品链权力研究中，重点关注的是链条中企业之间的不平等谈判关系，特别是主导企业和供应商之间的不平等谈判关系。他的主要贡献是揭示了跨国商品生产商之外"全球买家"（如零售商和品牌经销商）的作用。用社会学的术语来说，这种强大的买方权力属于强制性权力，买方可以利用它迫使供应链上的企业按照其意愿行事。2005 年，格里菲等将价值链上公司间权力关系进一步概念化为以下两端之间的某种联系——一端是跨国公司的子公司和总部之间的"等级"型关系，另一端是买方与供应商之间的纯公平"市场"关系，介于二者之间的价值链公司权力关系又分为"束缚型""关系型"和"模块型"三类。这种视角使得权力的概念从一个不明确的"驱动"的概念转移到了对二元企业间"链接"的分析。② 总体而言，以格里菲为代表的早期全球商品链权力研究关注的是单个买方（主导企业）和供应商之间的二元关系，体现了以主导企业行使买方权力决定价值链上职能分工为中心的权力观。

在买方驱动型供应链中，一般来说买方是供应链的主导企业。基于生产过程的结构，供应链呈蛇形或蜘蛛形。在蛇形模式下，买卖合同的顺序遵循生产步骤的顺序，一方的活动依赖于前一方的活动并且存在功能依赖性，因此，除非供应商 A 已经正确执行，否则供应商 B 不能执行。在这种供应链中，一般说来链条主导企业是买方，供应商是卖方，当然也可能反过来，比如出于战略和经济的考虑，链条主导企业直接或间接向供应商提供投入，这时供应链的主导企业是卖方，而供应商是购买投入品的买方。在后一种情况下，供应链中的协调权就分配给了卖方即链条主导企业，而不是买方。在以波音公司为代表的蜘蛛形供应链中，组装者作为签约方从多个卖方那里同时购买单个组件，并与每个卖方签订合同。这时，控制权集中在买方身上，它是每一关系的签约方。这类供应链通常比较短，供应链主导企业享有更多的直接控制权。

总体而言，在买方驱动的供应链中，大型零售商、品牌销售商和贸易公司发

---

① Gereffi G. The Organization of Buyer-driven Global Commodity Chains：How US Retailers Shape Overseas Production Networks ［A］//Gereffi G, Korzeniewicz M. Commodity Chains and Global Capitalism ［M］. Westport：Praeger, 1994.

② Gibbon P, Bair J, Ponte S. Governing Global Value Chains：An Introduction ［J］. Economy and Society, 2008, 37（3）：315-338.

挥着关键作用，它们常常会在位于第三世界的出口国建立生产网络。这种以贸易为导向的产业模式在劳动密集型消费品行业中很普遍，如服装、鞋类、玩具、消费电子产品、家庭用品和各种手工制品行业。其中的生产通常由独立的第三世界工厂负责，这些工厂在 OEM（即代工生产）的安排下制造成品而非零部件，其规格由买方和设计商品的品牌公司提供，典型的例子如耐克、锐步等运动鞋公司和盖璞等时尚服装公司。这些品牌公司通常不拥有任何生产设施，它们并不是"制造商"，因为它们并没有工厂。相反，这些公司是"商人"，负责设计或营销，但它们并不制造自己所销售的品牌产品。它们依赖复杂的分层的承包商网络执行所有的专业任务。品牌企业也可能将全部或部分产品的开发、制造、包装、运输甚至应收账款外包给世界各地不同的代理商。在买方驱动的供应链中，主导企业的主要工作是管理这些生产和贸易网络，并确保所有业务的整合。

除了买方驱动的供应链，全球供应链的另一类型是生产者驱动型。[1] 生产者驱动的供应链是资本和技术密集型的，生产环节由主导企业控制。因此，制造飞机、汽车和计算机系统等先进产品的制造商是这些供应链中的关键经济主体，这不仅体现在利润方面，还体现在它们控制与原材料和零部件供应商的后向联系以及进入零售业的前向联系的能力上。一句话，生产模式决定了需求的特征。在生产者主导的供应链中，跨国公司或其他大型综合工业企业在控制生产系统（包括其后向和前向联系）中发挥着核心作用。这是汽车、计算机、飞机和电机等资本和技术密集型产业的最大特点。这些产业是跨国分布的，但供应链中国家的数量及发展水平各不相同。零部件的跨国分包很常见，劳动密集型的生产尤其如此，典型的例子是日本和美国的汽车公司在涉及数千家公司（包括母公司、子公司和分包商）的多层生产系统中组织生产制造。日本汽车制造商受到复杂因素的影响，在东亚和东南亚 6 个国家创建了汽车零件供应区域生产计划。[2] 美国半导体产业在国际化过程中在东亚的分工也呈类似情形。[3]

① Gereffi G. The Organization of Buyer-driven Global Commodity Chains：How US Retailers Shape Overseas Production Networks ［A］//Gereffi G, Korzeniewicz M. Commodity Chains and Global Capitalism ［M］. Westport：Praeger, 1994.

② Doner R F. Driving a Bargain：Automobile Industrialization and Japanese Firms in Southeast Asia ［M］. Berkeley：University of California Press, 1991.

③ Jefferey H. The Globalization of High Technology Production：Society, Space and Semiconductors in the Restructuring of Modern World ［M］. New York：Routledge, 1989.

二、全球供应链主导企业进行治理的工具

供应链主导企业通过供应商守则和通用交易条件（General Terms and Conditions，GTC）来管理合同，这是非法律强制性跨国私人规制的重要形式。供应商守则和通用交易条件通常共存，但其应用不同，具体区别如表 5-1 所示。一般说来，供应商守则适用于整个供应链中的合同关系，而通用交易条件主要处理供应链主导企业和关键供应商之间的关系，某些情况下也会有选择地扩大到次级供应商。[1] 作为管理供应链关系的主要工具，供应商守则和通用交易条件还常常援引国际上私人标准和公共标准，将其并入合同。

表 5-1　通用交易条件与供应商守则对照表

	通用交易条件	供应商守则
处理的主要事项	合同当事人的权利、义务、责任、不可抗力、分包等（标准条款，完整的合同结构）	透明度、人权、劳工权利、环境、可持续，反腐败
与供应合同的链接	在非协商的供应合同中，通用条件成为有约束力的协议。在其他情况下，它们是谈判的起点	通常通过援引的方式并入供应合同。供应合同的转让可能以同意供应商守则为条件
适用范围	通常由通用条件设定者在与其供应商谈判时强加；合规要求可能从供应商延伸到分包	一般适用于所有供应商，经常延伸到他们的分包商
根据具体情况调整	根据合同功能、地理环境、商品类型或商标，可能存在不同的通用交易条件	在基于原则的守则范围内遵守地方法规，只要能实现预期目标
背离或更改	根据双方的权力和需要，在具体合同的谈判中允许背离或更改。允许单方修改	通常不接受背离或更改，除非守则被视为建议。守则是底线
优先性	受制于所适用法律的强制性规则；更具体的通用交易条件（如本地）可能优于更一般的通用交易条件；当最终协议当事方背离通用交易条件时，当事方最终协议优先	受制于适用法的强制性规则；更具体的通用交易条件（如本地）可能优于更一般的通用交易条件；最后协议的当事方通常不能背离通用交易条件

资料来源：笔者根据相关文献整理。

在确定货物是否相符、不符发生时采取怎样的补救措施等方面，供应链主导企业的权力发挥着重要作用。[2] 私人规制的管理手段不具有强制性，其结果很大

---

[1]　Gibbons R S, Roberts J. The Handbook of Organizational Economics ［M］. Princeton：Princeton University Press, 2012：961.

[2]　Cafaggi F. Sales in Global Supply Chains：A New Architecture of the International Sales Law ［EB/OL］. ［2019-01-28］. https：//papers. ssrn. com/sol3/papers. cfm? abstract_ id=3314982#.

程度上取决于目标行为体的自愿遵守，但因它与市场竞争优势有着千丝万缕的关系，企业为获取更大的市场利益和市场份额常常被迫遵守，私人规制具有事实上的强制性。

（一）管理独立供应商的工具：供应商守则和通用交易条件

供应商守则是专门为确保供应商遵守某些标准而设计的，旨在敦促供应商遵守公平、透明、可持续性、劳动和人权保护、反腐败政策以及与第三方的合作标准。经合组织 2000 年进行的调查中，40% 以上涉及劳工问题的守则对供应商规定了义务。这在服装业尤为普遍，在接受调查的 32 个公司守则中，有 26 个是针对供应商和承包商的。通常情况下，供应商必须遵守或采纳通用交易条件，有时对次级供应商也有类似要求。供应链条主导企业是如何通过使用供应商守则或包含跨国标准的工具来管理全球供应链上交易的呢？首先，供应商守则可以适用于生产过程中的不同类型合同，包括采购合同、分包合同、销售合同、租赁合同等。其次，跨国标准可以直接并入供应商守则，而后者对供应链中所有缔约方均具有约束力。标准的并入可以是明示的，也可以是默示的。根据《联合国国际货物销售合同公约》，如果双方同意将一方起草的条款并入合同，并向另一方提供了充分的信息，则该条款有可能成为合同的一部分。例如，当标准相当于贸易惯例时，就会发生默示并入。最后，并入可以是全部也可以是部分的。当事人可以在标准中加入一个条款以解决标准与当事人意愿之间的冲突。它们可以规定，只要该标准不与合同相冲突就可以适用，如果发生冲突则以合同为准。当冲突以有利于标准的方式得到解决时，标准就被完全并入合同。当冲突以有利于合同的方式得到解决时，标准就被部分并入。完全并入就意味着各方会被迫违背自己的意愿去执行相关标准。这一重要选择由供应链主导企业做出，通常它们也会与负责监管的中介机构达成一致。主导企业可以决定是否给链条中的各方保留一定的自由度。

供应商守则通常对通用交易条件起到补充作用，并且与通用交易条件共同规范公司间的关系。以下是一些知名公司的供应商守则核心条款——苹果公司的《供应商行为准则》规定，"本准则适用于向苹果公司提供商品或服务，或在苹果公司产品中使用或与苹果公司产品一起使用的苹果公司供应商及其子公司、附属公司和分包商"。① 大众汽车公司的《商业合作伙伴行为准则》规定，"商业伙

---

① Apple 供应商行为准则［EB/OL］．［2023-03-11］．Apple Supplier Code of Conduct and Supplier Responsibility Standards. pdf.

伴必须采取适当的措施，确保它们自己的商业伙伴和供应链遵守这些要求"。①通用电气公司的《供应商、承包商及顾问诚信指南》规定，"供应商有责任确保它们及其员工、工人、代表、供应商和分包商遵守本指南以及通用电气公司的其他合同义务中规定的行为标准"。②强生公司的《商业行为准则》规定，"代表我们开展业务的个人和公司，除了其他相关的公司政策之外，还必须遵守我们的商业行为准则。本规范的适用条款应包含在代表强生公司家族开展业务的第三方供应商、制造商、承包商和经销商的合同中"。③联合利华的《负责任采购政策》规定，"当我们与分享并致力于这些原则的供应商合作时，在它们自己的业务范围内和它们的扩展供应链中，我们将能够实现变革"。④如前文指出的，供应商守则是通过援引的方式被并入与主要供应商和分包商的合同的。虽然原则上对每个供应商来说，接受守则是自愿的，但实际上它是作为合同条件而强加的。

供应商守则和通用交易条件比集团内的监管更加广泛和正式。相比而言，企业集团内部的合同可能使用一些不太详细或限制性较弱的工具。当然，不排除诸如道德准则或社会责任政策类监管工具既适用于集团内部也适用于公司间的关系。通用电气公司《供应商、承包商及顾问诚信指南》就规定，"通用电气公司致力于在我们所做的一切事情中坚持诚信和高标准的商业行为，特别是在我们与GE供应商、承包商、联盟伙伴和顾问（统称'供应商'）的交易中"。大众汽车《商业合作伙伴行为准则》也有类似表述："以下可持续发展要求适用于大众汽车集团与其业务合作伙伴之间的所有业务关系，只要其适用于各自的业务活动。"⑤

供应链主导企业在与客户或供应商的关系中使用通用交易条件。通用交易条件可以与供应商守则结合，也可以不结合。在实践中，许多跨国公司将二者结合在一起，以通用交易条件作为供应商守则的替代。通用交易条件的管理职能可能会扩展到供应链主导企业与其直接交易对象双边关系之外。它们可能包括在供应

---

① Volkswagen's Code of Conduct for Business Partners ［EB/OL］. ［2023-03-11］. https：//www. vw-groupsupply. com.

②⑤ GE Integrity Guide for Suppliers, Contractors and Consultants ［EB/OL］. ［2023-03-11］. https：//www. gesupplier. com/wp-content/uploads/2022/05/Supplier-Integrity-Guide-2022_English. pdf.

③ Johnson & Johnson Position on Ethics and Compliance ［EB/OL］. ［2023-03-11］. https：//www. jnj. com.

④ Unilever's Responsible Sourcing Policy（RSP）［EB/OL］. ［2023-03-11］. https：//www. uni-lever. com.

链交易中强制使用的条款，如对卖方提出以下要求：

（1）遵守某些质量标准。大众公司通用交易条件的第 10 条"变更"规定：（a）买方保留随时向卖方发出书面通知，对图纸、规范、子供应商、分包商、样品或供应品说明进行修改或要求卖方进行修改的权利。买方还保留以其他方式改变订单涵盖的工作范围的权利，包括与检查、测试或质量控制等相关的工作。买方也可以直接从自己或第三方获得原材料供应。卖方应立即按照任何此类要求做出变更。为了使卖方能够因该等变更要求合理的价格补差或履约时间调整，卖方必须在收到书面变更通知后十天内书面通知买方其要求。

（2）确保其分包商受到特定条款的合同约束。这方面的例子如通用汽车公司的通用交易条件（2014）第 12 条："卖方将在各方面遵守，并促使其分包商和供应商在各方面遵守买方不时修订或更新的质量要求和程序，并通过引用将其纳入本合同。"

（3）遵守可持续性原则。如 FCA 的通用交易条件"合规要求"规定：（a）在提供货物或服务时，卖方及其分包商将遵守：（i）任何和所有适用的全球、联邦、州、省和地方法律、法规、行政命令和在期限内任何时候生效的其他法律规则；（ii）解决此类法律要求的所有 FCA 美国政策（包括 CS-9003 和可持续性指南）。卖方将提供并维护符合 ISO14001 标准的环境管理系统。

（4）保护人权。如意大利国家电力公司（ENEL）的通用交易条件 28.1 条规定："承包商承诺取得所有权并完全遵守'全球契约'的原则，确保其人员或分包商开展的所有活动符合上述原则。"[①]

（5）满足其他法律要求。如联合利华通用交易条件 2018 版第 6 条："（c）在预期或因此导致相关职能或活动被不当履行或可能被不当履行的情况下，供应商不得且不得授权其分包商、代理或其他第三方要求、同意接受或接受财务或其他好处；（d）已采取并将继续采取合理措施，防止其分包商、代理人或任何其他受其控制或决定性影响的第三方从事任何违反上述（a）、（b）或（c）的行为。供应商认识到供应商集团的所有实体遵守 RSP 中规定的强制性要求以及上述 6.2 条中（a）、（b）和（c）的要求的重要性。此外，如果供应商获悉或有理由相信发生了违反任何此类义务的情况，承诺就此通知联合利华。如果供应商集团的任

---

① ENEL's Global General Contract Conditions Basic ［EB/OL］. ［2023-03-11］. https：//www. enel. com.

何成员未能满足 RSP（审核管理权）的相关强制性要求或上述 6.2 条中（a）、（b）和（c）规定的任何陈述和/或保证，则在联合利华认为该违约行为可以补救的情况下，供应商应采取联合利华合理规定的所有进一步措施来补救违约行为，包括采取适当的程序防止此类违约行为再次发生。如果由违约引起的问题是实质性的，并且违约不能或没有按照上述要求进行补救，联合利华保留立即终止本协议的权利。如果联合利华根据本条款终止本协议，在不损害任何应付费用或任何其他先前存在的债务的情况下，供应商集团的任何成员无权要求赔偿或任何进一步的报酬，无论终止前与其他第三方签订的任何活动或协议如何。"①

很多时候，通用交易条件要求供应商对分包商的违规行为负责，或者要求对分包合同条款进行修改，以便通过供应链合作实现完全合规。越是需要将供应合同责任直接或间接延伸到分包商，就越是需要合同作为供应链管理手段发挥监管功能。

通常，供应链主导企业会使用供应商评级或计分卡，适用对象可以仅限于一级供应商，也可以延伸到链条中更低的二级和三级供应商。供应商评级和计分卡是在合作框架内进行监控和评估的工具，它们由供应链主导企业单方面定义，评估结论则与供应商共享。供应商评级旨在评估和持续监控分包商的表现，如所提供的货物的质量、是否符合交付期要求、是否符合现行的环境和安全法、是否坚持社会责任原则等。其中还会涉及货物和服务交换、生产、分销过程中与可持续性有关的环境和社会标准的规定。如果发现违规，相关调查会关注违规原因，并分析违规行为是否涉及产品或工艺，是属于单个制造事故还是设计缺陷。供应链主导企业通常会要求对违规行为的根本原因进行分析。

供应链主导企业会与主要供应商单独或集体会面讨论供应商评级结果，并确定可以做哪些改变提高供应链合作效率。供应商评级和计分卡影响供应商在供应链条上的升级和降级。如今供应商评级越来越多地包括纠正和补救指标。当监控发现存在不足之处时，供应商需要采取补救措施，当监控结果符合要求时，供应商可能获得奖励。为了保持链条的稳定性，这些工具将主要目标设定为纠正而非补偿或惩罚。

综上所述，通用交易条件和供应商守则中可能包括供应商评级，由此引发供应商在供应链中位置的变化。供应链主导企业决定着供应链的进入和退出，以及

---

① Unilever's Responsible Sourcing Policy（RSP）[EB/OL]．[2023-03-11]．https：//www.unilever.com.

企业在供应链内部的升级和降级。一旦企业被列入供应链主导企业的供应商名单，供应商选择和合同内容的程序部分就由供应链主导企业直接管理，或部分委托给主要供应商或中介。在某些情况下，供应链主导企业也会保留批准、审查、拒绝的权利。①

（二）供应链中的合同

供应链守则和通用条件必须通过合同来执行，供应链主导企业和主要供应商之间会签署框架协议和主供应协议，主要供应商和分包商之间也会签署合同。框架协议和主供应协议还可以由服务协议和工作说明书来补充。因此，在实践中有一系列合同工具来规范供应链链条上公司间的合同。合同会将各类标准并入供应链并进行监管。值得注意的是，链条主导企业即使不是合同当事人，仍然可以通过供应商守则和通用交易条件来定义供应链上销售合同的程序和实体问题。总之，跨国私人规制是通过全球链中的国际商事合同实施的，供应链合同当事方在定义合同条款、合同条款解释权、争议解决程序方面的自主权都受到了供应链监管架构的影响。这种供应链中的稳定长期的销售合同与孤立的销售合同存在很多不同：

第一，在供应链销售合同中，产品相符性义务的具体内容更多是由供应商守则决定的，而不是由单个卖方对其直接买方的声明来决定。供应商守则和通用交易条件规定了卖方履行义务的内容，并告知其出现问题时应如何解决。在传统上，买卖法主要关注产品的物理特征。根据《联合国国际货物销售合同公约》第 35 条，卖方的主要义务是确保货物符合某些法律要求。货物相符性侧重于质量、数量、描述和包装，通常不认为货物的生产工艺和生产过程与此有关。然而随着与可追溯性相关的环境义务、产品安全的过程性要求越来越重要，供应链合同常常并入有关安全、社会和环境标准，使得产品相符性的概念正在发生变化——货物不仅必须符合生产地规定的生产流程监管要求，还要符合货物目的地最终市场的产品监管要求。被并入供应链监管体系的公共和私人社会责任标准将产品相符性标准从最终产品标准推向了过程标准。供应商守则条款通常会明确提及全球监管标准，如国际标准化组织或行业或供应链主导企业采纳的行业标准，这时，供应链被用作实施跨国标准的标准化工具。这些标准的要求会影响整个生

---

① Cafaggi F, Iamiceli P. Regulating Contracting in Global Value Chains: Institutional Alternatives and Their Implications for Transnational Contract Law [J]. European Review of Contract Law, 2020（16）.

产过程，由供应链条主导企业及其中介机构进行监管，使供应链上的合规和违规有了更复杂的定义。总之，衡量产品相符性的过程标准扩大了供应商产品相符性的概念，无论它是在合同中直接提出，还是被供应商守则和通用交易条件采纳后再并入供应链合同。

第二，孤立销售与嵌入供应链的销售合同在对卖方履行的监管方面存在显著差异。在孤立的销售中，监管通常由买方在交付货物环节进行检查和控制。在全球供应链中，监管遵循不同的路径——供应链主导企业虽然处于远离卖方的位置，却有兴趣持续监管产品的生产过程和性能相符性，而孤立销售的买家在生产过程监管方面可能没有这么强烈的动机。供应链主导企业会使用孤立销售中不会用到的监管工具来提高全球供应链中卖方履约表现。链条主导企业的监管可以直接进行，也可以通过第三方进行，或者两者兼有，供应链主导企业可以在守则中包含一个条款，授权其代表或中介机构对守则的执行进行监管。因此，卖方的表现可以由直接买方、中介（如认证机构）或链条主导企业的"代理"（如一级供应商）进行监管。如 ENEL 的通用交易条件第 9.1.6 条规定，"除非另有约定，ENEL 人员或 ENEL 指定的第三方应有权进入承包商的车间或仓库或任何分包商的车间或仓库，监督制造和测试，了解加工周期，并验证工程或服务的性能和承包商使用的材料"。多主体的密切监测提高了卖方表现的可见度，也提升了各方在严重损害发生之前的反应能力。除此之外，全球供应链销售中的监管旨在确保违规后果得到解决，违规原因能被消除。认证机构这样的中介机构通常是供应链合同有效的监管者，它们拥有检查权，在发现不合规的情况时可以采取行动纠正违约。中介机构和链条主导企业根据计分卡强制实施绩效指标迫使卖方将报告程序化。如果出现争议，通常由内部机制如委员会或争议解决机制或仲裁员解决，极少会利用司法手段来解决争议。①

第三，嵌入供应链的销售会区分轻微违约和重大违约，这一区分不仅影响损害赔偿和实际履行之间的选择，还影响采取补救措施和终止合同之间的选择。违约发生后，买方和供应链负责人首先会通过自己的采购人员决定是要纠正问题还

---

① Gilson R J, Sabel C F, Scott R E. Contracting for Innovation: Vertical Disintegration and Interfirm Collaboration [J]. Columbia Law Review, 2009 (109); Gilson R J, Sabel C F, Scott R E. Braiding: The Interaction of Formal and Informal Contracting in Theory, Practice, and Doctrine [J]. Columbia Law Review, 2010 (6): 1377-1447; Jennejohn M. The Architecture of Contract Innovation [J]. Boston College Law Review, 2018 (59).

是终止合同，如果选择终止合同，可能导致违约方被迫退出供应链。总体而言，供应链销售合同会优先考虑纠正而非终止合同，以保持供应链的稳定性。此外，在全球供应链的嵌入式销售中很少寻求损害赔偿，真正的补救办法是要么纠正产品缺陷，要么终止合同。

第四，在嵌入全球供应链的销售合同中，当事方还存在后合同义务。一旦合同结束，无论是履约完成还是合同终止，都涉及后合同义务，如限制竞争、保护信息和保密、售后保证、知识产权管理等。在孤立销售中，卖方的后合同义务关注买方的利益，而在嵌入全球供应链的合同中，卖方的后合同义务不仅涉及直接买方的利益和权利，还涉及与卖方和最终消费者没有关系的参与供应链的第三方的利益和权利。易言之，不仅买方可能强制实施后合同义务，第三方也有可能监督和强制执行后合同义务。供应链主导企业通常会在供应商守则中强制并入一些条款赋予自身强制执行某些义务的权力，以克服合同相对性障碍。①

（三）供应链规制中的授权

供应链的复杂性意味着监管权力不可能集中在一个供应链主导企业手中，有效的供应链治理需要一定程度的权力下放。全球供应链的特点是有限理性、不确定性和不完全契约，主导企业不可能对影响成千上万份合同履行的所有事件进行预先计划。合同内容的定义和单个合同的完成是一个过程，需要随着时间的推移进行管理，并在一定程度上进行分散管理。

为应对上述挑战，在供应链中，主导企业会进行一定程度的授权。授权代表了一种在整个链条中分配合同权力的工具，它有助于通过适应当地标准和习俗来定制规则。这种规则定制由主要供应商或中介机构来执行。② 不同的供应链授权程度是不同的，有时主导企业进行完全授权，使关键供应商可以定义自己的合同条款而不受主导企业的通用交易条件约束；另外一些情况下主导企业只进行了部分授权，供应链守则可能规定主要供应商必须遵守守则所确定的原则，但可以选择自己的合同条款，并根据自己的习惯来实施这些条款。这两种授权代表了共享监管权力的形式，使得权力在链条参与者之间有不同的分配。

---

① Cafaggi F. Sales in Global Supply Chains：A New Architecture of the International Sales Law ［EB/OL］. ［2019-01-28］. https：//papers. ssrn. com/sol3/papers. cfm? abstract_ id=3314982#.

② Cafaggi F，Iamiceli P. Regulating Contracting in Global Value Chains：Institutional Alternatives and Their Implications for Transnational Contract Law ［J］. European Review of Contract Law，2020（16）.

监管权是如何沿供应链分配的？通常情况下，包含在合同中的供应商守则条款规定了主要供应商监督分包商的责任，由供应链主导企业强制执行。例如，ENEL 的通用交易条件规定，供应链主导企业"保留执行任何控制和监控活动的权利，以验证……涉及承包商、其分包商和承包商指定的任何主体执行合同的义务，以及在确认违反此类义务的情况下立即终止合同的权利。"[1] 供应链第一层的监控由供应链主导企业在中介的协助下执行。对分包商的监控通常委托给关键供应商，这些供应商必须向供应链主导企业报告，但主导企业可能会保留偶尔进行监控的权力。主要供应商使用的工具必须符合供应商守则和合规计划规定的目标。可见供应链监控的特点是在链内授权给关键供应商和认证机构之类的中介机构。总体而言，企业在供应链中的位置越高，授权越广。第一级供应商直接行使由供应链主导企业授予的部分监管权力，同时将剩余的份额转授予第二级供应商，第二级供应商行使该权力的一部分，并将一小部分转授予第三级供应商。由此，被授权的监管权力得以在关键供应商之间分配。

供应商守则和框架协议在一定程度上为供应链中所有的单笔交易提供了详细规定。这些守则被援引并入后，供应链合同的操作达到了高度的标准化。然而，供应商守则可以由采购官员和当地律师根据不同的管辖区、不同类型的合同和不同的市场条件（如供应是高度竞争还是由一个参与者垄断）进行调整，[2] 以遵守当地法律法规，并反映商业惯例的差异。这样一来，同一供应链内不同管辖区内供应商守则在应用时就存在合同定制化现象（Contractual Customization）。相应地，供应链合同的设计需要在以下两者之间保持微妙的平衡：①基于供应商守则和国际标准的集中标准化；②分散定制，由采购官员具体管理，以处理多辖区的不同级别供应商的具体情形。通过这种方式，供应链合同在一个复杂的监管架构中实现了平衡。卡法吉教授建议，应采用模块化方法来管理供应链合同，模块化可以根据所处理的事项而发展，包括各方的义务和责任、生产标准、风险分配、可持续性、劳工和人权等。保持一定的灵活性可确保监管模块之间的协调性，因此只有一些规则被视为整个链条中的强制性规则，而其他规则（默认规则）可以偏离供应商守则和通用交易条件，根据具体情况进行调整，这样就可以实现严

① Enel's Global General Contract Conditions Basic［EB/OL］.［2023-03-11］. https：//www.enel.com.

② Cafaggi F. Regulation through Contracts：Supply-Chain Contracting and Sustainability Standards［J］. European Review of Contract Law，2016（12）.

格的硬性规定与建议性规则并存。因此，尽管监管权力由一个或多个主导企业协调，但最终还是由关键供应商、中介和其他的链条参与者分享。①

授权是监管权力下放的一种形式，它定义了一个监管空间，主要供应商可以在代理关系中享有更广泛的自由裁量权。一般来说，监管权力的下放在商业事项方面更为常见，如商品数量、价格、交付方式等，但在环境、劳工、腐败、竞争、产品和工艺安全等监管领域则较少出现。在许多情况下，尤其是当供应链守则旨在保护一般利益或第三方（儿童、当地社区、工人等）利益时，其内容被认为是强制性的。监管权力下放程度的差异主要受两个方面的因素影响：一是主要供应商在遵守商业义务方面的动机可能不同于与腐败、环境和劳工保护有关的动机；二是在环境、劳工等监管领域，供应链主导企业对链上违规行为的潜在责任通常更大。例如，在侵权法之下母公司对子公司侵犯人权或环境的做法可能需要承担责任。不难理解，供应链主导企业的责任越大，其授权就会越少。

如前所述，通用条件通常适用于供应链主导企业和直接关键供应商之间的关系，后者没有义务将其适用于其分包商。但在贿赂、腐败、侵犯人权、安全、环境和劳动保护有关的条款和条件方面，供应商守则通常以援引的方式将其并入所有合同，从而涵盖关键供应商和分包商之间的合同。供应商守则可以定义一般原则，并允许主要供应商将它们与附加原则相结合，为合同履行划定底线。

过去十年的发展表明，合同监管的整体授权水平有所下降，由供应链主导企业进行的直接监控有所增加。② 在过去，供应链主导企业常常不知道供应链上游发生了什么，原因是信息成本太高，即便能够控制单个交易，其成本也远远高于所带来的好处。然而如今，通过第三方进行直接控制的供应链主导企业掌握了比过去更多的信息，并保留了更多的监管权力。供应链主导企业需要确保整个供应链遵守质量、安全和可持续性标准，这增加了供应链参与者之间的相互依赖性，导致在标准制定和实施方面更高程度的协调。此外，由于技术的进步，监控合同内容和实施带来的成本已经低了很多。如今供应链主导企业可以直接远程控制合同内容以及合同在整个供应链中的执行，与之相比，不控制的成本反而变得很高，特别是当供应链主导企业必须保护其品牌声誉时。较低的控制成本和不控制可能带来的较高危害都增加了对生产过程以及供应链合同进行直接监控的动机。

---

①② Cafaggi F, Iamiceli P. Regulating Contracting in Global Value Chains: Institutional Alternatives and Their Implications for Transnational Contract Law [J]. European Review of Contract Law, 2020 (16).

综上所述，全球供应链既是组织生产、分销的工具，也是实施跨国标准、提高可持续性和确保符合监管要求的工具。供应链规制包括对成员资格和生产过程两方面的监管。过去，商品的质量和价格曾经是销售合同的核心。随着时间的推移，经由私人标准进行的跨国协调改变了供应链中销售合同的内容，全球供应链规制越来越多地涉及生产过程的特征：质量、安全、环境保护、社会问题、劳动和就业以及腐败，而这些问题在过去是由所适用的国内法来监管的。全球供应链要求从生产到消费的契约关系结构具有监管方面的一致性。遵守当地公共监管是底线，供应链主导企业会沿着链条统一施加额外要求作为对其的补充。供应链影响了规制格局，使其转向基于市场的方法和私人认证，私人规制中的风险评估方法和风险管理工具也受到了影响。进一步，私人规制也会影响市场结构，供应链主导企业基于私人标准行使规制权力可能导致小企业无法进入市场，进而也会影响发展中国家的市场集中度和大小企业间竞争。① 总之，私人规制和供应链结构之间存在相互作用。②

---

① Cafaggi F，Iamiceli P. Regulating Contracting in Global Value Chains：Institutional Alternatives and Their Implications for Transnational Contract Law ［J］. European Review of Contract Law，2020（16）.

② Cafaggi F. Private Regulation，Supply Chain and Contractual Networks：The Case of Food Safety ［R］. EUI Working Paper RSCAS 2010/10.

第六章　第二次变迁后全球供应链治理的权力图景

第一节　基本概念

一、全球商品链、全球供应链、全球价值链与全球生产网络

(一) 全球商品链

针对跨国公司把生产过程分解并分散到全球不同地理位置的现象，过去几十年的研究中使用了不同的表述，包括全球商品链、全球供应链、全球价值链、全球生产网络等。

20世纪八九十年代的早期研究使用全球商品链（GCC）的说法，以此涵盖所有从初级加工到消费的过程和交易。商品链的概念来自沃勒斯坦（Wallerstein）在1974年提出的世界系统理论。[①] 根据霍普金斯和沃勒斯坦（Hopkins 和 Wallerstein）的定义，全球商品链是"劳动力和生产过程的网络，其最终结果是成品"。[②] 关于全球商品链，早期的开创性学者使用的研究方法主要有两种：一种以英语国家的格里菲教授（Gary Gereffi）为代表，他试图用这个新的框架超越当

---

① Wallerstein I. The Modern World System [M] . New York：Academic Press，1974.

② Hopkins T K，Wallerstein I. Commodity Chains：Construct and Research [A] //Gereffi G，Korzeniewicz M. Commodity Chains and Global Capitalism [M] . Westport：Greenwood Press，1994：17.

时以国家为中心的全球经济分析模式。根据他的定义，全球商品链是"围绕一种商品或产品的一系列组织间网络，在世界经济中将家庭、企业和国家相互联系起来。"不同于传统贸易理论，全球商品链支持者认为，这一链条是由复杂的合同和分包合同网络链接起来的活动链。正统的经济学理论并不这么认为。① 此外，贸易理论不考虑经济权力的影响，而在全球商品链中，权力即影响上下游主体行为的战略活动才是关键。格里菲等专注于观察新的全球制造体系的出现，他们的方法自 20 世纪 90 年代初以来引起了极大关注，引发了围绕生产者驱动和买方驱动的全球商品链的大量案例研究。格里菲等确定了全球商品链的四个维度：输入—输出结构、涵盖领土、治理结构以及国内国际条件和政策赖以影响全球化进程的制度框架。汉德森（Handerson）等在肯定格里菲全球商品链价值的同时也对其提出了批评，他们认为，全球供应链的研究几乎没有从历史角度出发去理解其性质和影响，这是一个重大疏忽，实际上在某一个时间点上，链条所体现的社会关系会带来某种路径依赖，进而限制链条未来的发展轨迹。② 他们对全球商品链研究的第二个批评是已有研究很难理解国家和地方在劳动力组织、工作条件方面的差异，而事实上商品链不仅链接不同地点的企业，还链接国家层面的社会和体制环境，所有企业都存在于这个环境中。有关商品链的另一种分析方法是法国经济学家在 20 世纪 70 年代提出的 Filiere 概念。Filiere 被定义为一个为了满足最终需求而生产和分配商品和服务的代理系统。③这一概念源于经验主义传统，它着力于绘制商品流动图并确定主体之间的等级关系，进而详细分析经济一体化或解体的发展动态，试图获得对生产和分配系统中的经济过程的更清晰的理解。这一理论整合了监管理论和交易成本，研究者以此研究特定 Filiere 的重构，并作为对非洲初级产品的干预主义方法的理论基础。类似视角在英美研究中并未出现。

虽然格里菲的方法和法国的 Filiere 方法涵盖了共同的领域，但它们在地理、语言上是分开的，也有着各自的政治基础和理论基础。前者着眼于工业界开发的商品链，而 Filiere 方法则起源于技术官僚农业方面的研究，一直只应用于农产品。④Filiere 方法主要聚焦于两种类型的主体——大公司和国家机构，分析它们的

---

① ③ ④ Raikes P, Jensen M F, Ponte S. Global Commodity Chain Analysis and the Frenchfiliere Approach：Comparison and Critique［J］. Economy and Society, 2000, 29（3）：390-417.

② Henderson J, Dicken P, Hess M, Coe N, Yeung H. Global Production Networks and the Analysis of Economic Development［J］. Review of International Political Economy, 2002（9）：442.

活动范围如何受到技术的约束。

（二）全球价值链与全球供应链

后来，波特的"价值链"概念①被广泛用于分析从产品研发到最终组装和营销的每个阶段的"增值"活动。这一概念逐渐取代了商品链。价值链将贸易和生产两个过程统一于"增加值"的创造、流动和分配过程，② 因此全球价值链（GVC）的研究关注产品的研发、生产、服务、销售和对最终消费者的支持等一系列增值活动在全球多个国家的布局。

全球供应链（GSC）与全球价值链的基本网络结构是相似的，但二者各有侧重：全球供应链是围绕主导企业的，通过对物流、信息流和资金流的控制，将供应商、制造商、分销商、零售商直到最终用户连成一个整体，重点是通过这一功能网络来运输商品和服务。相比而言，全球价值链的重点在于网络的每个阶段创造商品和服务的价值。

（三）全球生产网络

研究中还有一个常被提到的概念是全球生产网络（Global Production Network，GPN）。链条这一概念强调经济活动的顺序和相互联系的结构，链条中的每个环节或元素都为过程增加价值。然而汉德森认为，"链"的概念没有注意到企业权力的问题，没有注意到企业活动得以发生的制度背景及其影响，还忽视了链条所在地域的安排及其深刻的经济和社会不对称性。在他看来，"网络"的概念则突出了"错综复杂的联系——水平的、对角的以及垂直的——形成了经济活动的多维、多层次的网格"。③ 莱维（Levy）也指出，全球生产网络不仅是市场竞争的场所或增值活动链，还包括复杂的政治经济系统，市场及相关资源和权力的分配是在其社会政治环境中构建的，并积极地塑造其社会政治环境。由于其经济和政治特征，全球生产网络受到形式复杂的多层次治理。④ 因此，以网络为中

---

① Porter M E. Competitive Advantage：Creating and Sustaining Superior Performance［M］. New York：Free Press，1985.

② Working Party of OECD Trade Committee. Mapping Global Value Chains，OECD Trade Policy Papers［Z］. 2012.

③ Henderson J，Dicken P，Hess M，Coe N，Yeung H. Global Production Networks and the Analysis of Economic Development［J］. Review of International Political Economy，2002（9）：442.

④ Levy，David L. Political Contestation in Global Production Networks［J］. Academy of Management Review，2008，33（4）：943-962.

心的方法能够对生产系统提供更好的解释。① 网络方法中的一种是行动者网络理论（ANT），该理论指出，网络中的实体由它们与其他实体的关系和连接性形成，并且只能通过它们与其他实体的关系和连接性来理解。对于全球生产网络的研究来说，这意味着空间和距离不能以绝对的欧几里得术语对待，而应作为空间场和影响、力量和链接范围来看待。行动者网络拒绝人为的二元论，如传统的全局—局部或结构—代理二分法，倾向于将网络概念化为人类和非人类主体的混合体。全球生产网络可以揭示生产者—消费者关系中更大的复杂性和地理差异，揭示某些关键知识是如何在生产者、消费者和中间商之间流通的。这种方法还可以揭示更复杂的社会地理，帮助我们理解不同地点的主体如何联合起来影响生产过程。不过，也有学者对于全球生产网络方法提出批评，认为此类研究缺乏对塑造生产网络的结构性先决条件和权力关系的理解。②

综上所述，为描述全球生产结构，自 20 世纪 80 年代以来，学界使用了全球商品链、全球供应链、全球价值链或全球生产网络等不同概念。概念的使用与学者研究的侧重点及视角有关。链条与网络的概念各有其优势，"网络"能够容纳更复杂的制度、社会因素，而"链"更凸显结构中的顺序性和增值过程。下文分析中将根据具体的问题和语境来使用这些概念，在引用已有研究时将尊重原研究使用的措辞，无论它是全球商品链、全球供应链、全球价值链还是全球生产网络。在不涉及文献援引的情况下，本书将围绕题目中的"全球供应链"展开讨论。

二、治理

"治理"英文为 Governance，原意是控制、引导和操纵。自 1989 年世界银行关于非洲的报告中首次使用"治理"一词后，它频繁出现在国际社会相关文件中，如 1989 年世界银行在概括非洲的情形时首次使用了"治理危机"的说法。1992 年，世界银行年度报告的标题为"治理与发展"；1996 年，经济合作与发展组织发布了一份名为"促进参与式发展和善治的项目评估"的报告，同年联合国开发署也以"人类可持续发展的治理、管理的发展和治理的分工"为题发表了年度报告。

---

① Henderson J，Dicken P，Hess M，Coe N，Yeung H. Global Production Networks and the Analysis of Economic Development［J］. Review of International Political Economy，2002（9）：442.

② Dicken P，Malmberg A. Firms in Territories：A Relational Perspective［J］. Economic Geography，2001，77（4）：345-363.

治理不是指依据国家强制性权力维系的统治形态，而是指社会政治共同体成员以公益为基础，以共同参与、民主协商的方式形成的决策机制、社会政治管理方式，以及由此构成的社会政治体制。① 它有四个特征：治理不是一整套规则也不是一种活动，而是一个过程；治理过程的基础不是控制而是协调；治理既涉及公共部门也包括私人部门；治理不是一种正式的制度而是持续的互动。治理可以从广义或狭义来理解。全球治理委员会将其定义为个人和机构，公共和私人，管理其共同事务的许多方式的总和。这是一个持续的过程，通过这个过程，冲突或不同的利益可以得到调和，也可以采取合作行动。治理也可以更狭义地理解为依赖于权力的约束子集，权力本身是一种社会关系，A（一个人或一个职位的占有者）希望 B 遵循 A，B 自愿遵守。治理一词的核心在于权力在社会中运行的过程，治理的本质特征正在于权力从政府部门向其他部门的转移和再分配。治理随着权力的集中而变化。权力可以是高度集中的，归属于一个单一的、等级森严的实体，它也可以广泛分散在各个节点中，每个节点仅行使有限的管辖权。社会变迁的实质是"权力多极化"②，关注经济领域、社会领域和政治领域之间权力分配的过程。企业、非政府组织、国际标准制定机构和其他实体都在全球体系中发挥权威作用。因此，要讨论跨国公司社会责任是如何实现"治理"的，就必须讨论该运动中的权力性质、权力结构和权力运行问题。

三、权力

从社会学视角来看，权力是理解社会结构和社会动态的主要通道。权力关系是最根本的社会关系，它构建并形成了规训社会生活的制度和规范。梳理社会学领域关于"权力"的经典定义，会发现它有着多样的面孔。关于权力的内容，有达尔（Dahl）的资源权力说、③ 巴克莱（Bachrach）和巴拉兹（Baratz）的议程设置权力说、④ 卢克斯（Lukes）的意识形态权力说⑤以及戴杰斯（Digeser）的话语权力等不同解读。⑥ 关于权力的本质，马克思认为权力是社会关系的一种体

---

① 星野昭吉. 全球治理的结构与向度 [J]. 南开学报（哲学社会科学版），2011（3）.
② 康晓光. 权力的转移——转型时期中国权力格局的变迁 [M]. 杭州：浙江人民出版社，1999：152.
③ Dahl R A. The Concept of Power [J]. Behavioral Science, 1957, 2（3）：201-215.
④ Bachrach P, Baratz M S. Two Faces of Power [J]. The American Political Science Review, 1962, 56（4）：947-952.
⑤ Lukes S. Power：A Radical View [M]. London：Macmillan, 1974.
⑥ Digeser P. The Fourth Face of Power [J]. The Journal of Politics, 1992, 54（4）：977-1007.

现，即一方支配另一方的一种力量；韦伯认为权力是一个人或一些人在社会行动中不顾参与该行为的其他人的反抗而实现自己意志的一种能力。在托夫勒那里，权力是有目的性的支配他人的力量，其基本构成要素是暴力、财富和知识；而交换论社会学家布劳则认为，权力是在不平等的交换关系中，个人或群体反复地将其意志强加于其他人的一种能力，是惩罚反抗的一种强制力量，其固有的不对称性来源于单方面的依赖。①

与上述传统权力哲学所理解的二元的、单向度的，由一个社会群体对另一个社会群体行使的强制力模式的权力不同，在福柯看来，权力不是一种二元的机制，不附着在任何的实体或主体之上，我们也无法从某一个源头上去探寻权力，"在权力问题上必须抛弃暴力—意识形态对立、所有权观念、契约和征服模式……必须抛弃'有利害关系'和'无利害关系'的对立、认识的模式和主体的第一性"。②在福柯眼中，权力是一种场力结构，是"各种力量关系、多形态的、流动性的场，在这个场中产生了范围广远但却从未完全稳定的统治效应"，权力是一种作用关系，一种运作网络，一种弥散的、无所不在的、毛细血管式的规训性技术和知识，是塑造了我们的思想和行为的关系性、弥散性的力量。③福柯眼中的权力具有多元性、弥散性和生产性等特点。

权力的传导有直接传导和弥散性传导两种方式。社会学家曼（Mann）在他的社会权力研究中区分了"权威的"和"分散的"权力，前者"涉及个人或集体行动者的命令和下属的有意识服从"，后者则"以一种相对自发、无意识和分散的方式传导"，人们被迫以确定的方式行动，但不是通过命令，而是经由一种理解，相关实践是自然的、道德的或是从不言而喻的共同利益中产生的。④权力的传导模式可以通过以下维度识别：①参与者是否可以清楚地识别彼此；②行动的意向性和目标导向的程度；③权力中心是否属于明确界定的行动主体；④是否有相对明确和有效的评价和制裁制度。当掌握权力的行动主体和权力的客体相对容易识别时，就发生了权力的直接传导。直接传导的权力往往是有意的，强势行

---

① 宋林飞. 西方社会学理论［M］. 南京：南京大学出版社，1997：137.

② 米歇尔·福柯. 规训与惩罚.［M］. 北京：生活·读书·新知三联书店，2003：30.

③ Michel Foucault. Power/Knowledge：Selected Interviews and Other Writings，1972 – 1977［M］. New York：Pantheon Books，1980.

④ Mann M. The Sources of Social Power：Global Empires and Revolution，1890 – 1945［M］. Cambridge：Cambridge University Press，2012：6.

动主体的目标通常更为透明。与之相比，弥散性的传导更难于发现——当行动者跟随广泛的社会趋势时，权力是通过示范效应、网络效应或是"最佳实践"和主流的质量标准来传导的，强大的个人或集体的行动可能对其他行动主体产生有影响力的示范效应，导致后者无意中以有利于优势地位者的方式改变其行为。这种权力不一定是明确的、精准的，也不一定容易监督或执行。在类似于松散组织的社会运动中，权力也可能是分散性的。"弥散的"权力的概念为我们提供了"一种从主体和结构两方面思考权力的系统方法"。①

综上所述，权力有着多元面孔，除了经典的强制性权力而外，社会学界对权力是否应该是明确定义的行动主体所固有的、② 是否仅局限于"有意的"行动，③是否应该将"说服"的形式视为权力等问题进行了拓展讨论。执行权力的行动主体依据自己的价值观和利益构建起占据主导地位的机构和组织，建立机制、法律和通信系统来表达他们的利益和价值观并形成社会行为模式，规定对哪些行为予以惩罚、奖励或置之不理。"强制"和"劝说"是权力运行的主要方式，后者是由各种文化机构创造权力话语，再由社会化的传播系统加以传播。④

第二节　全球供应链治理中的权力

——一个概念史的考察

由于许多行业的生产流程已经分散在全球范围内，全球价值链已经成为世界经济的支柱和中枢神经系统。⑤ 根据世界贸易组织的估计，早在 2012 年时就有

---

① Barnett M, Duvall R. Power in International Politics [J]. International Organization, 2005, 59 (1): 39-75.

② Baldwin D. Power and International Relations [A] //W Carlsnaes, T Risse, B A Simmons. Handbook of International Relations [M]. Thousand Oaks, CA: Sage, 2002.

③ Guzzini S. Structural Power: The Limits of Neorealist Power Analysis [J]. International Organization, 1993, 47 (3): 443-478.

④ Castells, Manuel. A Sociology of Power: My Intellectual Journey [J]. Annual Review of Sociology, 2016 (42): 1-19.

⑤ Cattaneo, Olivier, Gereffi, Gary, Staritz, Cornelia. Global Value Chains in a Postcrisis World: Resilience, Consolidation, and Shifting End Markets [A] //Olivier Cattaneo, Gary Gereffi, Cornelia Staritz. Global Value Chains in a Postcrisis World: A Development Perspective [M]. Washington, D. C.: World Bank, 2010: 7.

2/3 的全球贸易发生在全球价值链的框架内。① 如今，全球价值链主导着全球贸易和大部分全球生产。当代国际竞争突出表现为全球价值链竞争，竞争在全球价值链内部表现为价值链主导地位和高附加值环节的竞争。②

　　治理位于全球价值链的核心，关系到链条上各环节的公司活动、劳动分工以及价值分配。③ 全球治理是由各种公共的、准公共的、私人的机构共同参与全球公共事务，进而达成不同程度的全球集体行动并确定稳定秩序的过程，其核心是如何克服集体行动困境。参与全球供应链/全球价值链治理的主体众多，其中有能够决定链条中参数标准的"主导企业"，这些企业可以决定链条上的企业生产什么、如何生产（生产过程的定义，包括技术、质量、劳动和环境标准等要素）、何时生产、生产多少以及价格如何。与此同时，市场及其相关资源和权力的分配是在复杂的社会政治经济系统中构建的④，因此，全球供应链/全球价值链并不仅是市场竞争的场所或增值活动的链条，民间社会组织、消费者团体虽并不直接进行产品或服务的生产或交易，也可能以各自的方式参与全球供应链/全球价值链治理；国家和国际组织亦可通过促进性、监管性和分配性干预在构建和维护这一链条方面发挥关键作用。⑤

　　学界有不少讨论是围绕全球价值链治理展开的。不过，就本书所关注的企业社会责任问题而言，法国、德国出台的立法都是与供应链结合来设定企业的尽责义务，因此下文将主要结合全球供应链讨论其中的治理问题。治理结构最受关注，因为它会影响进入壁垒、链条协调等关键问题，而权力又是治理的核心问题。全球供应链治理中的权力问题是与传统的国际贸易理论完全不同的观察全球经济体系的方法——新古典经济贸易理论只考虑贸易，将贸易当事人与投资、金融和其他关系隔离，并假设参与者和交易都是独立的。受这些假设的限制，国际贸易理论认为贸易模式是由每个国家的生产要素禀赋来决定的。与之不同的是，

　　① UNCTAD. Trade and Development Report ［R］. Geneva：United Nations，2013.

　　② 竞争除存在于全球价值链内部之外，还存在于价值链之间，如智能手机领域苹果手机价值链和三星手机价值链之间也存在竞争。此类竞争受制于各方在相应布局的地区所能获取物质、技术和人力资源的能力和市场的范围。

　　③ Humphrey J，Schmitz H. Governance and Upgrading Linking Industrial Cluster and Global Value Chain ［R］. IDS Working Paper，2000.

　　④ Levy，David L. Political Contestation in Global Production Networks ［J］. Academy of Management Review，2008，33（4）：943-962.

　　⑤ Mayer F W，Phillips N. Outsourcing Governance：States and the Politics of a "Global Value Chain World" ［J］. New Political Economy，2017（22）：134-152.

全球供应链的分析则关注链条内部主导企业如何建立和协调原材料供应商、加工商、贸易商、批发商和零售商之间的联系和产品流动，将贸易视为嵌入在不断变动的制度结构中并在相当大的程度上受到后者的影响。

关注全球供应链治理结构及治理中的权力有助于理解发展中国家企业参与全球供应链的可能性及其障碍。对于那些试图朝向链条更高位置（如更好的技术、更大的增加值）方向努力的企业来说，这一研究视角更为重要，因为这些企业不得不接受供应链主导节点所定义的参与条件和纪律，否则将无法参与学习过程，无法获得能帮其实现更高技能和更大附加值的优先地位。①

一、早期关于全球商品链的权力研究

20 世纪 80 年代，在当时被称为全球商品链的研究中，权力的结构和要素就是理解系统动态的核心。1994 年，格里菲教授发展了第一个全球商品链解释框架，指出大零售商、超级市场和品牌销售商等大买家和生产者在推动商品链方面拥有强大的经济实力，② 全球商品链中的权力与主导企业"驱动"国际生产网络组织的能力特别相关。格里菲的开创性工作区分了生产者驱动的商品链和买方驱动的商品链，前者如汽车行业，制造商在其中主导网络协调并获取最大份额的价值；后者是"大型零售商、营销商和品牌制造商在各种出口国家（通常位于第三世界）建立分散生产网络中发挥关键作用的行业"，如服装领域的跨国公司往往能从强大的品牌和分销中获得大量利润，并与低利润的分包商结成网络。③

格里菲的主要贡献是强调了这一链条中"全球买家"的作用。在现实中，全球买家为了最大限度地降低链条上的违规行为未被及时发现而给整个链条及其自身带来的声誉损失，会通过供应商守则和通用交易条件来管理供应链关系，将国际上的私人标准或公共标准并入合同，从而在不拥有所有权的情况下也能够远距离控制生产。这种控制不仅涉及交货日期、质量标准、设计规格等生产商生产的许多方面，还涉及分包商的经营对环境、社会产生的影响。在格里菲那里，强

---

① Gereffi G. International Trade and Industrial Up-Grading in the Apparel Commodity Chain' [J]. Journal of International Economics, 1999, 48 (1): 37-70.

② Gereffi G. The Organization of Buyer-driven Global Commodity Chains: How US Retailers Shape Overseas Production Networks [A] //Gereffi G, Korzeniewicz M. Commodity Chains and Global Capitalism [M]. Westport: Praeger, 1994.

③ Gereffi G. A Commodity Chains Framework for Analyzing Global Industries [J]. Institute of Development Studies, 1999, 8 (12): 1-9.

大的"买方权力"属于"强制性权力"（Coercive Power），即一个行动主体利用激励或制裁直接迫使另一个行动主体按照自己的意愿行事的能力。这里的权力概念是集中在企业之间的，关注的是全球商品链中企业之间特别是买方作为主导企业和供应商之间的不平等谈判关系。主导企业的强制力具有目的性、冲突导向性和资源中心性的特征。[1]

随着时间的推移，发展中国家的公司通过参与全球商品链得到了获取知识、市场和其他有价值的竞争资产的机会。相关研究也从关注买方权力扩大到关注行业主要供应商如何能通过创造并保持价值的路径和战略来建立更强大的地位。[2] 2005 年，格里菲等将全球价值链治理的重点从更具意向性的"驱动"转向链条参与者的"链接"理论，[3] 使权力的概念由"驱动"概念转移到了对二元企业间"链接"关系的分析。他们将这种链接分为"束缚型""关系型"和"模块型"几类。总体而言，以格里菲为代表的早期全球商品链权力研究所关注的是单个买方和供应商之间的二元关系，体现了以主导企业行使买方权力决定价值链上职能分工为中心的权力观。

二、"权力"视野的拓展：从单极到多极

庞德（Ponte）等学者认为，以格里菲为代表的全球商品链买方—供应商二元权力观未能考虑全球经济体系中存在的其他类型的权力。[4] 后来的学者受到曼彻斯特学派的启发，以价值、权力、嵌入、战略耦合为视角对全球生产网络展开研究，为思考全球生产体系中的权力提供了新的源泉。以经济地理学家的视角来看，全球生产网络框架不仅跨越了经济空间，还跨越了国家、区域和次国家层面的社会和制度背景，创造了动态联系和制度化的权力关系。[5] 此后的研究不仅关

① Mark Dallas, Stefano Ponte, Timothy Sturgeon. Power in Global Value Chains [J]. Review of International Political Economy, 2019, 26 (4)：666-694.

② Kaplinsky R. Globalization, Poverty and Inequality [M]. London：Polity, 2005；Sako M, Zylberberg E. Supplier Strategy in Global Value Chains：Shaping Governance and Profiting from Upgrading [J]. Socio-Economic Review, 2019, 17 (3)：687-707.

③ Gibbon P, Bair J, Ponte S. Governing Global Value Chains：An Introduction [J]. Economy and Society, 2008, 37 (3)：315-338.

④ Grabs J, Ponte S. The Evolution of Power in the Global Coffee Value Chain and Production Network [J]. Journal of Economic Geography, 2019, 19 (4)：803-828.

⑤ Dicken P, Kelly P F, Olds K, Yeung H. Chains and Networks, Territories and Scales：Towards a Relational Framework for Analysing the Global Economy [J]. Global Networks, 2001 (1)：89-112.

注经济行动主体，还关注非经济行动主体，并且更为关注经济行动主体的制度嵌入性。[①] 治理视野中的权力逐渐从集中于价值链某个位置的单极性权力拓展到不同职能位置的多极性权力，[②] 延展到价值链之外的行动主体如非政府组织、工会、政府和多利益攸关方倡议。从这一视角来看，以下现象都与全球价值链的权力问题有关：企业和其他社会行动主体越来越多地就正式的行业标准和认证、非正式的惯例、最佳做法和规范达成一致[③]、消费者和社会运动对全球价值链产生形塑作用[④]、国家行为和权力对全球价值链产生结构性影响。[⑤]

关于全球价值链中的权力，较为经典的定义是柯尔（Coe）和杨（Yeung）在 2015 年提出的表述——"行动者为了自身利益对特定战略结果行使和实现控制的能力。"[⑥] 这一定义立足于社会学范畴对权力的经典定义，即特定行动主体对明确界定的结果的直接控制。然而如前所述，在社会学范畴中，权力远非只有强制性权力这一副面孔。达拉斯等指出，虽然柯尔和杨这种"明确定义的行动者参与有意的行动"形式的权力在全球价值链研究中非常普遍且被广泛运用，但研究者需要对权力有更广泛的理解，要留意到那些更分散的权力以及由行动者集体运用的权力，在后一种情况下，很难将其概念化为"行动者"在运用"有意"的行动。权力的核心不一定总是存在于特定的权力行使者中，不一定总是带着充分的意图来行使，也不一定在公开的行动者冲突中表现出来，而这些情形在全球价值链中都有所体现。此外，在已有研究中，全球生产网络的权力主要是以冲突为导向的，被视为"一个行动主体以与另一个行动主体的利益相反的方式影响另

---

① Coe N M, Yeung H W C. Global Production Networks: Theorizing Economic Development in an Interconnected World [M]. Oxford: Oxford University Press, 2015.

② Fold N. Lead Firms and Competition in "bi-polar" Commodity Chains: Grinders and Branders in the Global Cocoa-chocolate Industry [J]. Journal of Agrarian Change, 2002, 2 (2): 228-247.

③ Ponte S, Gibbon P. Quality Standards, Conventions and the Governance of Global Value Chains [J]. Economy and Society, 2005, 34 (11): 1-31; Nadvi K. Global Standards, Global Governance and the Organization of Global Value Chains [J]. Journal of Economic Geography, 2008, 8 (3): 323-343.

④ Bair J, Palpacuer F. CSR beyond the Corporation: Contested Governance in Global Value Chains [J]. Global Networks, 2015, 15 (S1): 1-19.

⑤ Neilson J, Pritchard B. Value Chain Struggles: Institutions and Governance in the Plantation Districts of South India [M]. Malden, M. A. and Oxford: Wiley-Blackwell, 2009; Jespersen K S, Kelling I, Ponte S, Kruijssen F. What Shapes Food Value Chains? Lessons from Aquaculture in Asia [J]. Food Policy, 2014, 49 (1): 228-240.

⑥ Coe N M, Yeung H W C. Global Production Networks: Theorizing Economic Development in an Interconnected World [M]. Oxford: Oxford University Press, 2015: 66.

一个行动主体的行为的能力，或一个行动主体抵制另一个行动主体不必要的强加的能力"。① 对此达拉斯指出，即使冲突在权力的概念中是常见的，权力也未必总是具有"负面"价值或必然是"冲突导向的"，它甚至可以是自愿交易的基础，令各方都从合作中受益。在上述理解基础上，达拉斯等借鉴了更广泛的权力社会理论，于 2017 年建立了全球价值链中权力的类型学框架，包含了权力的各种含义。②

三、全球价值链权力的类型学研究

达拉斯等将全球价值链治理定义为塑造价值链中的包容、排斥和参与模式的行为、制度和规范，这些行为、制度和规范反过来决定了增值和分配的条件与位置。为此他们区分了权力的两个主要维度：权力传导机制（直接的和弥散的）和行动者的竞技场（二元的和集体的），并将这两个维度结合得出了全球价值链权力的四种类型：谈判的权力（二元的和直接的）、示范权力（二元的和弥散的）、组织权力（集体的和直接的）和结构性权力（集体的和弥散的）。

权力的传导机制有两种情况：一种是直接传导，即行动主体试图对其他行动主体施加直接影响。这种情况下，掌握权力的行动主体以及权力的客体相对容易被识别，强势行动主体拥有行使权力的工具和方法，其对权力的行使是有意的，目标是众所周知的，权力的传导机制更加正式和明确，例如，在合同中做出明确的规定。在全球供应链中这方面的例子包括两个公司交易时的相对议价能力、供应链主导企业针对供应商的协议，平台、政府法规、行业协会为其成员制定的规则以及第三方制定的环保标准。另一种传导机制是权力更加分散，权力的主体和客体不容易辨认，主体的行动也不那么有目的性。这种弥散性权力既可能出现在标准、惯例、最佳实践的创建和传导中，也可能出现在技术或商业模式前范式阶段的集体行动中。此时，行动者几乎没有直接权力，权力的传导是通过示范效应或网络效应，或通过"最佳实践"，但当大量行动者迅速并连续地改变其行为时，即使他们并不属于一个正式的组织也未参与共同的网络，也在事实上通过分散的机制实施了权力。分散的权力有时会带来意想不到但却非常重要的结果，不

---

① Coe N M，Yeung H W C. Global Production Networks: Theorizing Economic Development in an Interconnected World ［M］. Oxford: Oxford University Press，2015: 17.

② Dallas M，Ponte S，Sturgeon T. A Typology of Power in Global Value Chains ［J］. Review of International Political Economy，2019，26（4）: 666-694.

过在这里难于在明确定义的行动者组织中找到一个权力中心。

行动主体的竞技场是在特定的全球价值链中所有相互作用的行动主体或集体，它包括二元的和集体的两种情况。① 二元竞技场是全球价值链文献中的一个共同焦点，典型表现在"买方—供应商"关系中身份明确的行动者，如供应链主导企业对供应商等其他行动主体行使权力。在集体竞技场中，权力则可以来自多个行动者的分散行动。

在上述两维度下，达拉斯将全球价值链中的权力分为四类：谈判的权力、示范权力、组织权力和结构性权力。如表6-1所示，通过这个两维度—四类型的权力框架，他们试图描绘全球价值链中各类行动主体如何以复杂的方式跨越了传统的企业间二元联系，并在特定的节点组合在全球价值链治理中。

表6-1 全球价值链中的权力类型②

		传导机制	
		直接的	弥散的
行动者竞技场	二元的	谈判权力	示范权力
		*在企业间关系中发生 *在等级、俘获、关系型、模块和市场链接中可能展示不同程度的不对称性	*通过非正式的传导机制沿着买方和供应商之间的供应链发挥作用，或激励价值链行动者 *可能通过二元交易各方所接受的质量惯例来传导 *可以驱动主导企业和供应商或非企业行动主体的同构
	集体的	组织权力	结构性权力
		*通过政府规制、多利益相关方倡议或其他组织形式 *可以通过行业标准和守则化的"最佳做法"撬动 *可以通过"议程设定"将问题从谈判桌上移除，或通过事实上和法律上的标准来支持平台及其生态系统	*通过更广泛接受的规范、期望和最佳做法来运作，例如在行业或社会层面的同构 *可以通过去中心化的非关联行动主体之间的合作发生，有时会催生新的规范和做法

资料来源：笔者根据相关文献整理。

---

① ② Mark Dallas, Stefano Ponte, Timothy Sturgeon. Power in Global Value Chains [J]. Review of International Political Economy, 2019, 26 (4): 666-694.

（1）谈判权力（二元的、直接的）。这是全球价值链文献中最常见的权力形式。全球价值链中的谈判权力通常涉及公司与公司之间的关系，行动者的竞技场通常由公司占据，权力分析是基于一系列公司对公司的谈判展开。

（2）示范权力（二元的、弥散的）。示范权力反映了这样一个事实，即全球价值链二元关系中的谈判结果不仅可以塑造参与特定交易的供应商的行为和选择，还可以在竞争供应商、潜在供应商、二级供应商等主体中产生示范效应，从而在价值链上下游甚至是相邻行业中传导。示范权力通过买方和供应商或有抱负的价值链参与者之间的价值链非正式传导机制发挥作用。以葡萄酒行业为例，传统上葡萄酒价值链中的示范权力是由"旧世界"一些顶级产区如法国、意大利、西班牙和葡萄牙的精英葡萄酒生产商塑造的。如今情况正在发生改变，通过打造"新葡萄酒消费者"的概念，示范性权力正越来越多地由品酒师、飞行酿酒师、葡萄栽培师和营销人员行使，后者塑造了"新"葡萄酒的风格和审美偏好，并通过同构效应将其从一个生产商传播到下一个生产商。

（3）组织权力（集体的、直接的）。组织权力是一种直接权力，由具有某种正式组织程度的集体如商会、多利益相关者倡议、技术平台或国家行政机构来行使。组织权力与谈判权力的区别在于，它来自于行动者的联合行动，这些行动者在一个倡议或组织中有明确的成员资格，它们或采用特定的标准，或与一个共同的平台相联系。不同于二元关系中由单个组织控制资源行使权力的模式，在集体领域，权力取决于行动者群体的战略行动，或是由正式组织的集体所制定的规则。仍以葡萄酒全球价值链为例，其中的组织性权力主要由公共部门通过地方、国家和区域监管来行使，国家是组织权力的中心，除此之外，公平贸易机构、有机和生物动态认证机构、行业协会以及葡萄酒展览、交易会和竞赛等多方利益相关方倡议也发挥着重要作用。

（4）结构性权力（集体的、分散的）。组织权力的传递是直接的，而结构性权力是弥散式的。结构性权力在如下情况下显现出来：该集体竞技场没有明确或正式的共同成员资格，因而没有嵌入在特定的行动主体或组织化场所中。例如，外包作为一般最佳做法逐渐传播开来后，企业逐渐形成了结构性的、被广泛接受的质量或劳工管理做法。① 再如，社会运动对企业行为和透明度起到了规

---

① Gibbon P, Riisgaard L. A New System of Labor Management in African Large-scale Agriculture? [J]. Journal of Agrarian Change, 2014（14）：94-128.

范作用。① 在葡萄酒价值链中，结构性权力表现得很微妙，例如"新世界"生产国的营销专家、生物化学家和经济学家逐渐发展起来的"新葡萄酒消费者"的概念。这些努力是集体的，但并不一定有明确的组织化的行动。②

除达拉斯之外，汉德森（Henderson）等学者提出了略为不同的分类方法，他们从全球生产网络出发，基于行动主体对网络中的权力进行分类，识别出以下几种权力形式：①公司权力，即全球生产网络中的主导企业相对于网络其他企业"有能力决定性地和一贯地以符合其自身利益的方式影响决策和资源分配的程度"；②组织权力（主要是"国家"）；③集体权力（非企业、非国家）。③

比较这两种与全球生产结构有关的权力分类会发现，达拉斯着眼于全球价值链，关注不同权力的特征，而汉德森则关注全球生产网络，根据主体进行权力分类。当我们将这两种权力类型学理论组合起来，就可以从权力主体、权力传导机制、权力特性、权力作用场域等不同维度获得一个较完整的有关全球生产结构的权力图景。至于本书所关注的国家"回归"背景下的国家权力，在两种类型学中都有所提及，并且都被称为"组织权力"——根据达拉斯，组织权力是一种直接权力，由具有某种正式组织程度的集体如国家行政机构来行使；汉德森提出的组织权力主要就是指国家权力。下面就重点分析企业社会责任治理第二次变迁后，国家在全球供应链中的权力状况。

第三节　全球供应链治理中的国家

一、将国家带回全球供应链治理的研究视野

全球生产网络在组织上更复杂，在地理范围上也越来越全球化。以企业为中

① Bair J, Palpacuer F. CSR Beyond the Corporation: Contested Governance in Global Value Chains [J] . Global Networks, 2015, 15 (S1): 1-19.

② Mark Dallas, Stefano Ponte, Timothy Sturgeon. Power in Global Value Chains [J] . Review of International Political Economy, 2019, 26 (4): 666-694.

③ Henderson J, Dicken P, Hess M, Coe N, Yeung H. Global Production Networks and the Analysis of Economic Development [J] . Review of International Political Economy, 2002 (9): 442.

心的生产网络，其性质和链接方式都深受其所处的社会政治环境的影响。这一过程特别复杂，因为社会政治环境具有地域特殊性，而网络则一方面以高度分化的方式突破国家边界，另一方面又部分地受到监管及当地社会文化条件的影响。在这样的背景下，探讨全球供应链/全球生产网络中权力的形态与本质、分布与消长，特别是国家权力的分布与消长，是认识和判断国际格局的核心任务。①

在围绕全球价值链治理进行的研究中，权力一直是核心问题②，本质上全球价值链治理是"价值链中的权力拥有者对分散于各地的价值创造活动进行协调和组织的管理行为"。③ 值得注意的是，除了链条上的"主导企业"拥有决定谁在价值链上做什么、以什么标准交付的权力，国家也可能充当全球价值链的架构师，监管其运作并对全球价值链产生的额外财富进行重新分配。④ 然而在早期的研究中，国家的这一作用被忽略了。原有的全球商品链/全球价值链研究中，最受关注的是企业层级的治理，国家只是私人治理的旁观者。尤其是在早期全球商品链的研究中，国家被"去中心化"了，在讨论全球商品链为基础的全球经济的起源、演变和运行时，政治和国家都处于边缘地位并被认为在很大程度上不属于该问题的核心关注范围。

对此有不少学者提出了批评。威特利（Whitley）指出，虽然格里菲他们认识到了全球商品链的社会嵌入性质，但其研究仍专注于全球商品链的国际层面，忽视了国家商业系统在全球商品链设立地点及其运作方式对于基础设施的重要性和嵌入性的决定性作用。他指出，国际贸易的协调主要是国家或地方主导的商业系统的延伸。⑤ 莱克（Raikes）也认为，格里菲等的全球商品链未能将监管问题充分纳入其分析框架，很少考虑不同类型国家的监管（工业化国家和发展中国家）产生的影响以及去监管化对于商品链的影响。弗雷德里克·迈耶（Frederick W. Mayer）和尼古拉·菲利普斯（Nicola Phillips）指出，"在基于全球价值链的

① 庞珣，何晴倩. 全球价值链中的结构性权力与国际格局演变［J］. 中国社会科学，2021（9）.

② Gereffi G. The Organization of Buyer-driven Global Commodity Chains：How US Retailers Shape Overseas Production Networks［A］//Gereffi G，Korzeniewicz M. Commodity Chains and Global Capitalism［M］. Westport：Praeger，1994.

③ Gereffi G. Global Production Systems and Third World Development［M］. Cambridge：Cambridge University Press，2002.

④ Mondliwa P，Roberts S，Ponte S. Competition and Power in Global Value Chains［J］. Competition & Change，2021，25（3/4）：328-349.

⑤ Whitley R. Business Systems and Global Commodity：Competing or Complementary Forms of Economic Organisation［J］. Competition and Change，1996（1）.

经济全球化起源、演变和运作的讨论中，孤立地看待政治和国家的作用远远不够，需要更充分地理解国家机构和权力的复杂性。在讨论以全球价值链为特征的、不断演变的全球治理问题时，应围绕经济和政治权力的不可分割性来展开"。①

综上所述，全球供应链/全球价值链治理要从内、外两个维度来寻找影响因素，除了通过内部治理理解企业内部以及链条企业间权力结构的影响，还需关注市场发展程度、制度框架、劳工环保标准、政府政策、国际规则等外部因素的影响。国家对这些外部因素有着决定性作用，因此研究全球供应链/全球价值链治理时需将国家纳入，思考国家在创造和维持这一全球链条中的作用，并将私人治理与公共治理之间的互动联系起来，唯有如此才能正确理解治理的动态演变。②

由于全球供应链/全球价值链已经成为生产和贸易的主要全球经济结构的现实，这就意味着所有国家都以特定形式参与了全球价值链内部和周围的权力系统，由此出现了各种治理安排，反映了公共和私人治理之间以及经济和政治权力之间更复杂的交织模式。在全球生产体系重建、重大市场不断变化的国际政治经济背景下，需要重新思考有关国家作用的重大问题。③ 在现实中，国家的作为和不作为创造了有利条件，决定了企业、地区和国家是否以及如何参与全球市场，也决定了它们提升这种参与的能力。值得指出的是，国家在其中发挥的功能并不总是与全球参与和潜在升级保持一致，国家的作为和不作为内在地包含了行使主权权力所固有的复杂矛盾。

二、国家的"外包治理"和治理三角

(一) 外包治理

2017 年，弗雷德里克和尼古拉发表文章中指出，在全球价值链治理理论中，经济和政治权力不可分割，应重新关注支撑当代全球经济的产业组织形式的政治

---

① Mayer F W, Phillips N. Outsourcing Governance: States and the Politics of a "Global Value Chain World" [J]. New Political Economy, 2017, 22 (2): 134-152.

② 张中元. 国家在全球价值链治理中的作用 [J]. 新视野, 2020 (6).

③ Jeffrey Neilson, Bill Pritchard, Henry Wai-chung Yeung. Global Value Chains and Global Production Networks in the Changing International Political Economy: An Introduction [J]. Review of International Political Economy, 2014, 21 (1): 1-8.

经济学，以便在全球价值链讨论中更深入地理解国家机构和国家权力的核心。他们认为，国家对于全球价值链发挥了以下几个方面的作用：①在促进全球价值链的出现和传播方面，国家发挥了重要的作用。在很大程度上，国家是全球价值链的有意建造者，而不是仅仅无意中促成了全球价值链。事实上，自 20 世纪 70 年代以来，全球价值链正是通过强国有意推动的治理结构和模式才得以蓬勃发展。②国家在推动放松公共监管议程和积极促进私人监管制度方面都发挥了重要作用。而以往则认为，私人治理的出现是社会团体应对公共监管不足的产物，国家在其中几乎没有发挥作用。③国家在外包分配治理中并非坐视不管，在某些情况下还会以"竞争力"的名义出台一些政策，如累进程度较低的税收政策、放松竞争政策等，这些政策都会影响分配效果。综合上述情形，他们将国家在建设和维护全球价值链方面的作用归纳为促进型、监管型和分配型三类。①

弗雷德里克和尼古拉认为，当前跨国私人规制未能带来包容性和可持续的全球经济。目前需要一种新的政治，让政府重新参与治理全球经济的基本任务。为此他们提出了"外包治理"的概念，即国家通过积极的政治制度有目的地参与治理职能。"外包治理"既不是放弃私人治理，也不是回到传统的中央集权模式，而是让国家重新参与追求更加公平和可持续的发展。显然，在外包治理的理念下，私人治理可以成为解决方案的一部分，但远远不够。公共权力、国家偏好和制度配置将成为决定私人权力的关键因素，并引申出监管治理的形式——无论是促进经济生产和交换模式、监管经济活动的环境和社会影响，还是解决其分配后果都是如此。② 私人治理不能独立于公共和私人权力相互交织的政治动态而发挥作用。③作为全球体系的建筑师，国家保留着塑造全球经济体系的重大权力，国家机构和执法能力在促进遵守公共或私人规范方面发挥着核心作用。④ 国家进行公共干预的潜力通常以"等级制度的阴影"的形式表达，即所谓的"壁橱里

---

① ③　Mayer F W，Phillips N. Outsourcing Governance：States and the Politics of a "Global Value Chain World"［J］. New Political Economy，2017，22（2）：134-152.

②　Bartley T. Institutional Emergence in an Era of Globalization：The Rise of Transnational Private Regulation of Labor and Environmental Standards ［J］. American Journal of Sociology，2007，113（2）：297-351；Green J F. Rethinking Private Authority：Agents and Entrepreneurs in Global Environmental Governance ［M］. Princeton，N. J.：Princeton University Press，2014.

④　Ayres I，Braithwaite J. Responsive Regulation：Transcending the Deregulation Debate ［M］. Oxford：Oxford University Press，1992.

的监管大猩猩"，是促进私人监管有效性所必需的。① 保罗·弗布鲁根（Paul Verbruggen）考察了广告和食品安全两个领域，以识别在什么条件下公共监管干预可能增强私人行动主体执行跨国私人监管的能力。② 他发现，公共监管与私人监管的互补性不仅提高了跨国私人监管的有效性，也有助于政府和政府间组织更好地实现跨国背景下的监管目标。为此，国家应努力创造必要的先决条件以加强私营部门的执法能力，还应与私营监管机构接触并协调后者的行动。广告领域的研究表明，私营的自规制组织的制度受益于与公共执法机构的合作，后者不仅让私人规制体系有了一定程度的合法性，也释放出了这样的信号：一旦不遵守私人监管，就将会面对公共监督的约束。食品安全领域的研究表明，公共当局可以承认并利用私人规制制度，这种承认可能促使人们遵守这些私人计划，从而间接促进合规。

围绕如何将不同的资源和执行手段最好地结合起来以增强它们的效能，艾尔斯和布莱斯维特（Ayres I 和 Braithwaite J）于 1992 年提出的"回应型监管"的概念较有影响力。③ 当时，放松管制在英国和美国的政治议程上处于很重要的位置，在此背景下，两位学者提出需要"国家监管和自监管之间的共生关系"，并建议国家和公共监管机构围绕制裁和监管战略两个金字塔模型发展各自的执法和监管活动。这两个金字塔的底层分别是干预性较低的制裁（说服和教育）和自监管的监管策略，塔尖分别是干预性最强的制裁和监管策略。他们的核心观点是，国家应根据受管制公司对具体的制裁或监管策略的态度来选择合适的金字塔层级，更有效地实现监管合规的政策目标。

围绕公共监管和私人监管体系的互动，目前来看，不同的地方采取了不同的形式。如美国加利福尼亚州在 2013 年颁布了"披露"立法即《加州供应链透明度法案》，要求在该州开展业务的公司报告其供应链中与人口贩运相关的活动。英国政府在 2015 年的《现代奴隶制法案》中也纳入了以加州立法为范本的供应链条款。2014 年，印度政府通过了强制性的企业社会责任立法，规定了大公司

① Héritier A，Eckert S. New Modes of Governance in the Shadow of Hierarchy：Self-regulation by Industry in Europe［J］．Journal of Public Policy，2008，21（1）：113-138.

② Paul Verbruggen. Gorillas in the Closet？Public and Private Actors in the Enforcement of Transnational Private Regulation［J］．Regulation & Governance，2013（7）：512-532.

③ Ayres I，Braithwaite J. Responsive Regulation：Transcending the Deregulation Debate［M］．Oxford：Oxford University Press，1992.

在企业社会责任方面的最低支出水平以及在年度报告和网站上的披露要求。这些国家或次国家层面的举措代表了一种运动，即企业社会责任正从自愿方式转向"政府强制的企业社会责任"。① 在国家利用龙头企业的力量来监管供应商的行为方面，美国—柬埔寨双边贸易协定规定，私人主体参与监督劳工权利是出口的条件，以此实现"让柬埔寨更好地工作"的目标。② 在上述例子中，国家都在努力促进私人监管治理并寻求与私人监管体系的接触和协调，以期更好地实现其自身监管目标。③

不过，美国加利福尼亚州、英国和印度的披露类立法中未对不合规行为明确规定制裁，也未规定政府的任何监管或执法作用。有人批评说，这里"政府的角色是法律化和修辞化，而治理则继续依赖于由企业自己定义的私人标准"。从这个意义上说，上述立法并没有走向"法定的私人标准"，而只是走向强制披露。④ 由于披露类立法仅要求公司报告尽责实践而不要求它们根据调查结果采取行动，其实际效果引发反思。批评者呼吁国家以更加积极的监管者的身份介入进来，加强法律的执行和制裁力度，这成为后续立法改革的方向。如前文所述，最近几年的新立法超越了依靠点名羞辱来推动企业履行社会责任的做法，改为倚重执行和制裁对企业进行消极威慑。2017 年法国的《企业警戒责任法》不仅要求公司识别并监测其供应链上企业的人权风险，还要求其持续采取减轻风险和预防风险的措施。这就意味着公司必须真正地正确行事，而不是仅仅报告它们在正确行事。⑤ 该法还规定了救济机制，允许受害人在发生损害的情况下提起民事诉讼，要求公司对"履行警惕义务本可以防止"的损害提供补救。德国的《企业供应链尽责管理法》则依赖监管部门职权进行执法，该公共执行机制授权德国联邦经济事务与能源部（BMWi）下属的联邦经济与出口控制局（BAFA）发布"适当"且"必要"的命令，与企业约谈或要求企业采取具体的行为，以减少违反供应

① Gond J P, Kang N, Moon J. The Government of Self-regulation: On the Comparative Dynamics of Corporate Social Responsibility [J]. Economy and Society, 2011, 40 (4): 640-671.

② Polaski S. Combining Global and Local Forces: The Case of Labor Rights in Cambodia [J]. World Development, 2006, 34 (5): 919-932.

③ Paul Verbruggen. Gorillas in the Closet? Public and Private Actors in the Enforcement of Transnational Private Regulation [J]. Regulation & Governance, 2013 (7): 512-532.

④ Graham D, Woods N. Making Corporate Self-regulation Effective in Developing Countries [J]. World Development, 2006, 34 (5): 868-883.

⑤ Vacaflor A S. Putting the French Duty of Vigilance Law in Context: Towards Corporate Accountability for Human Rights Violations in the Global South [J]. Humman Rights Review, 2021 (22): 109-127.

链尽责义务的行为。在必要情况下该局还有权对企业的经营场所进行现场勘察和检查，审查企业的经营文件和记录。联邦经济与出口控制局还有权发布命令，要求企业提供相关信息和资料，包括义务履行情况、内部监督人员的姓名等。为敦促企业履行各项尽责义务，德国的《企业供应链尽责管理法》第24条针对企业违反义务的做法规定了一系列处罚，无论企业是故意还是过失违反相关义务均需处罚，罚款额度可高达80万欧元或年均营业额的2%。如果企业因违反供应链尽责管理义务被联邦经济与出口控制局处以17.5万欧元以上的罚款，它将被禁止参与公共采购，最长可达3年。可见，以德国的《企业供应链尽责管理法》为代表的这类国家立法以企业供应链一般性尽责义务与类型化的具体行为义务为核心规制工具，以联邦经济与出口控制局的监管职权和行政惩罚措施加上特别诉讼担当为执行机制，[①] 其规制强度远远高于之前的披露类立法。

（二）治理三角

越来越多的文献提到，在企业社会责任和全球监管的研究中，私人规制不足以确保社会、劳工和环境标准的改善，需要公共和私人治理的协同才能实现监管目标。[②] 一些研究关注新型混合治理形式的可能性。[③] 围绕国家和公共治理如何促进私人治理，艾伯特和斯尼朵（Abbott 和 Snidal）提出了支撑当代监管空间的"治理三角"概念。在他们看来，国家是全球价值链世界的建筑师，积极参与旨在巩固市场基础结构的促进型治理。[④] 2021 年，韦斯特文德（Westerwinter）又基于"治理三角"的定义提出了跨国公私治理机制的概念，后者指政府（包括

---

① 虽然德国《企业供应链尽责管理法》第3条第3款规定该法并未创设新的民事责任，也未明确规定私人主体可以通过民事诉讼来主张人权以及环境权益所遭受的损害，但该法在"民事程序"框架下规定了所谓"特别诉讼担当"制度（第11条）。据此，德国《企业供应链尽责管理法》第2条第1款所规定之极为重要的法定人权受到损害的主体，可以授权德国国内的工会或者非政府组织以诉讼的形式主张其权利。本质上，此种德国国内工会或非政府组织对他人权利的主张属于"民事诉讼程序"。以"特别诉讼担当"的方式来主张权利应满足以下条件，受损害主体应当主张其极为重要的并受到法律保障的权益遭受侵害。

② Esbenshade J. A Review of Private Regulation: Codes and Monitoring in the Apparel Industry [J]. Sociology Compass, 2012, 6 (7): 541-556.; Locke R. The Promise and Limits of Private Power: Promoting Labor Standards in a Global Economy [M]. Cambridge: Cambridge University Press, 2013; Vogel D. The Private Regulation of Global Corporate Conduct: Achievements and Limitations [J]. Business and Society, 2010, 49 (1): 68-87.

③ Abbott K, et al. International Organizations as Orchestrators [M]. Cambridge: Cambridge University Press, 2015.

④ Mayer F W, Phillips N. Outsourcing Governance: States and the Politics of a "Global Value Chain World" [J]. New Political Economy, 2017, 22 (2): 134-152.

政府间组织）与企业以及民间社会主体合作治理跨国问题的机制。① 这一治理机制凸显了国家在全球治理中的地位，将国家与跨国公司、NGO 等进行的跨国私人治理体系纳入到一个机制中，体现了全球治理发展的新动向，相关学理研究和现实发展都值得密切关注。下文重点介绍艾伯特和斯尼朵提出的"治理三角"概念。

艾伯特和斯尼朵认为，以治理三角为特征的跨国治理机制包括三个关键行为者群体：国家、公司和非政府组织。与传统的基于国家的监管不同，治理三角中的私人行动主体不仅是治理的对象，也参与治理过程的中心阶段，包括决策、监测和执行。②

他们首先指出，一个监管体系的生成和运作过程通常涉及五项任务，即议程制定、谈判并制定守则或标准、实施、监督和执行——倡导者必须首先将一个问题列入政治议程，并激励相关团体采取行动；经过谈判达成了某些守则或标准并将其颁布后，在目标公司内部推动这些标准的实施，然后监督合规性，甚至"执行"这些标准，并对不合规做法做出回应。艾伯特和斯尼朵认为，国家、企业、非政府组织各方在这一过程中有各自的优势，如表6-2所示。很显然，国家政府在国内层面拥有强大的业务能力，包括拥有大量资源、法律权威、强有力的立法和行政程序、检查系统和执法程序。公司和行业协会通常具有强大的运营能力，包括充足的资源（至少在大型盈利公司的情况下）、内部权力以及管理系统，这些能力对于规制措施的实施来说尤其重要。公司拥有无与伦比的商业专业知识，特别是关于企业运营的知识（这类知识对于监管标准的设计很有价值）。非政府组织则在制定议程、谈判、监控和执行阶段有着较强的提升相关问题的能力以及参与标准制定的能力，它们也很擅长使不合规行为变得可视化并引起公众反应。许多非政府组织专门收集和传播信息，能够比较有效地展示现有监管体系的不足并动员足够的政治支持来创建新的监管机制。以环境治理为例，非政府组织利用竞争者、消费者、投资者、劳动者、供应链等市场权力杠杆和国内制度、国际制度的政治权力杠杆，影响和改变了环境领域的企业偏好、观念认知、身份认同和

① 过去几十年中跨国公私治理机制的数量有所上升，不过，目前由于尚未形成普遍认可的跨国公私治理机制的定义，学界在其数量统计问题上仍存在较大分歧。

② Abbott K W, Genschel P, Snidal D, et al. Orchestration：Global Governance Through Intermediaries［A］//Abbott K, et al. International Organizations as Orchestrators［M］. Cambridge：Cambridge University Press，2015：3-36.

利益计算，有助于克服企业环境社会责任的激励不足和消费者等利害相关者的信息不对称，增强全球环境私人规制的有效性。

表6-2 治理三角各方在监管过程各环节的能力表现[①]

	议程制定	谈判并制定守则或标准	实施	监督	执行
公司	低	中	高	低-中	低
非政府组织	中	中	低	中	低-中
国家	高	高	低	低-中	高

资料来源：Abbott K, Snidal D. The Governance Triangle：Regulatory Standards Institutions and the Shadow of the State［A］//Mattli W, Woods N. The Politics of Global Regulation［M］. Princeton：Princeton University Press，2009.

艾伯特和斯尼朵进一步提出，为了在整个监管过程中有效行动，一套制度需要四项基本能力：独立性、代表性、专门知识和业务能力。其中，独立性和代表性有助于保证"正当程序的公开性"，专业知识和业务能力对于整个监管过程中的有效行动至关重要。然而在跨国环境中，即使是发达国家也没有一个行动者群体拥有有效监管所需的所有能力，事实上全球治理中不同的监管主体各有所长，但也都存在局限性——企业缺乏真正的独立性，这一弱点对于监管尤为敏感；此外，除了经济利益相关者之外，企业一般不具有代表性。由于这些缺陷，企业不太可能制定出服务于共同利益的监管标准和计划，并且它们在公众眼中可能缺乏合法性和可信度，即使他们自监管的态度是真诚的。非政府组织则往往缺乏足够的资源来克服全球经济治理的缺陷。在企业看来，许多非政府组织不是独立或中立的，而是敌对的，这种看法使许多企业不接受非政府组织作为监督机构，不愿遵守非政府组织的标准，或根本不参与有多方利益相关者在内的行动计划。有时非政府组织被视为过度受其组织目标的影响，削弱了外界对其独立性和规范性承诺的信任。此外，虽然非政府组织经常声称代表其成员、弱势群体或根据特定价值观发声，但不同的非政府组织在代表性和问责制方面的差异是很大的。那么，国家的情况又如何呢？即使是强大的国家也缺乏在企业内部实施标

---

① Abbott K, Snidal D. The Governance Triangle：Regulatory Standards Institutions and the Shadow of the State［A］//Mattli W, Woods N. The Politics of Global Regulation［M］. Princeton：Princeton University Press，2009.

准的权威和专业知识，国家只能间接行动，要求企业管理层来执行。先进国家可能拥有中等甚至较强的技术和规范方面的专门知识，并拥有收集和创造信息以及汇集相关意见的详细程序。然而国家在业务专门知识方面受限，并且许多发展中国家在所有领域都存在严重的能力不足。国家存在的其他问题包括，无论发展程度如何，政府都有可能被俘获。此外，在跨国背景下国家的运作能力（包括制定规则、监测和执行的权力）、信息（关于外国商业活动及其影响）和专业知识要少得多。特别重要的是，在涉及跨国问题时，国家的独立性也被削弱了，因为国家的政府代表特定的国内利益（如其出口商的利益）行事，主要追求国家利益，其代表性是较弱的。相对而言，政府间国际组织在跨国意义上更具广泛代表性，更独立于特殊利益，通常也拥有专门的技术和规范知识，但各国只给予了政府间组织很有限的权力和资源进行监督和执法，使得政府间组织的执行能力甚至比国家更有限。由于以上原因，单一行动主体作为跨国监管者是不可信的。最有希望的策略是协作，将不同类型的监管主体聚集在一起以集合跨国监管所需的能力。①

2021 年，韦斯特文德在"治理三角"基础上提出了跨国公私治理机制，即政府或政府间组织与企业和民间社会主体合作治理跨国问题的体系机制。② 在他的跨国公私治理机制概念中，"公共部门"指国家行为体，包括国家和政府间机构；"私人部门"指非国家行为体，包括私营公司和商会等营利性部门，以及非政府组织、学术机构、工会等社会民间部门。他所关注的跨国公私治理机制具有四大特点：首先，至少包括一个政府或政府间组织、一个商业主体和一个民间社会主体；其次，机制的参与主体及活动范围具有跨国的特点；再次，履行治理跨国问题相关的任务；最后，具有体系化的特点，能够为参与主体提供常规互动的基础。③ 大多数跨国公私治理机制拥有秘书处，一些机制有创立文件，会定期召开会议，有着清晰的决策规则和程序，并明确规定了参与主体的行为义务。构建跨国公私治理机制是为了完成超越单个国家层面的治理任务。在跨国环境下，国

---

① Abbott K，Snidal D. The Governance Triangle：Regulatory Standards Institutions and the Shadow of the State［A］//Mattli W，Woods N. The Politics of Global Regulation［M］. Princeton：Princeton University Press，2009.

② 过去几十年中跨国公私治理机制的数量有所上升，不过，目前由于尚未形成普遍认可的跨国公私治理机制的定义，学界在其数量统计问题上仍存在较大分歧。

③ Oliver Westerwinter. Transnational Public-private Governance Initiatives in World Politics：Introducing a New Dataset［J］. Review of International Organizations，2021，16（4）：137-145.

家和政府间组织的介入增加了私人监管体系的可行性，增加了公司等商业主体认真承担社会责任和公共利益的压力。国家可以通过以下方式在跨国治理三角中发挥作用：一是议程设置。国家可以发挥重要的催化作用，将监管问题列入政治议程，并召集、促进和支持非国家行动计划，使其成为解决这些问题的合法参与者。国家可以提供政治上或道义上的支持。二是物质支持。国家还可以提供物质上的支持，如荷兰政府就为 GRI 提供了设施和财政支持。美国对非政府组织捐款给予减税，这种做法等同于政府为其活动提供物质支持。三是为私人规制标准提供磋商基础。非政府组织和公司常起草自己的标准，但通常这些标准也会以国家制定的规范为基础，如参照联合国或劳工组织公约中的规范。四是实施。如果国家机构要求供应商采用特定的标准或满足某一通用标准，这会影响供应商，促使其采取相应的行动以便进入这个市场。国家和政府间组织也可以通过提供技术援助来促进规制制度的执行。五是监控。大多数国家都有相当强的监测能力，即使国家不能直接对业务进行监督，它也可以创造一个环境使其他人能够监督。六是强制执行。原则上，强制性监管和强制制裁的威胁可以引导企业遵守自我监管标准。国家的最终能力是利用直接监管的威胁推动私人行动者改善绩效。① 法国的《企业警戒责任法》和德国的《企业供应链尽责管理法》正是国家发挥监控和强制执行作用的体现。

综上所述，跨国公私治理机制可能承担的治理任务包括制定标准或规则、监督标准和规则的实施以及知识与信息的产生和传播。在该机制下，私人部门作为治理主体，在决策、监管、执行等各个治理环节与政府共同发挥重要作用，国家的作用则包括颁布和推动私人监管计划所采用的规范、召集参与和促进谈判、创造透明度和其他规则、促进监管正当程序并加强监测和执行。

三、供应链尽责立法与国家的结构性权力

结构性权力是著名的国际政治经济学家苏珊·斯特兰奇提出的概念。斯特兰奇认为，权力包括联系性权力和结构性权力两种。联系性权力是甲迫使乙做乙不愿意做的事情的能力，而结构性权力是决定办事方法的能力，拥有结构性权力的

---

① Abbott K，Snidal D. The Governance Triangle：Regulatory Standards Institutions and the Shadow of the State ［A］//Mattli W，Woods N. The Politics of Global Regulation ［M］. Princeton：Princeton University Press，2009.

一方无须强迫也能够决定乙的选项，限制了乙的选择集。作为决定办事方法的权力，结构性权力是构造国与国之间关系、国家与人们之间关系或国家与企业之间关系框架的权力。① 确定议事日程、设计支配国际经济关系的规则的国际体制是结构性权力的一个方面，但并非全部。结构性权力的拥有者能够改变其他人面临的选择范围，在不明显地直接对其他人施加压力的情况下要后者做出某个决定或选择，使其不能做出别的选择。这种权力是"不大看得出"的，权力作用对象即使在强加给其的成本或风险大于本来可能承担的程度的情况下，也不得不做出其并不情愿的某种选择。简言之，他们的选择受到了限制。② 斯特兰奇提醒我们，由于世界体系中国家之间和经济企业之间的竞争，结构性权力的重要性越来越大于联系性权力。由于结构性权力是形成和决定全球各种政治经济结构的权力，国家机器、政治机构、企业、科学家等都不得不在这些结构中活动。

在全球私人规制体系中，许多跨国公司或非政府组织在制定全球商品可持续生产和贸易的跨国规则、标准方面发挥了重要作用。③ 跨国公司或非政府组织分布在少数国家，主要是一些发达国家。在这种情况下，对这些跨国公司或非政府组织拥有管辖权的国家就可以利用其管辖权影响与生产、贸易有关的过程性标准的设定，并对其实施情况进行监测和执行。全球供应链是一个极其复杂的跨国生产网络，其影响力和权威都远远超出了单一国家的疆界。法国的《企业警戒责任法》或德国的《企业供应链尽责管理法》直接适用的企业受到这些立法的要求必须监督其供应链中企业的人权和环境影响，出于合规的目的，它们不得不通过合同、行为守则等安排将其法定义务在供应链范围内进行传导，导致处于该国企业供应链上下游的企业被纳入该法的"间接"适用范围。由是，法国德国的国内供应链立法也就产生了域外效力。从法国的《企业警戒责任法》的适用对象来看，该法仅适用于法定所在地在法国的公司，并且只适用于最大的公司（连同其法国直接和间接子公司雇员在 5000 人以上，或连同其法国和外国直接和间接子公司雇员在 10000 人以上的公司）。虽然该法直接适用的企业不到 200 家，但由于这些大型企业在供应链中的核心枢纽地位，就会导致《企业警戒责任法》的影响扩大到数百倍数量的企业，而且随着时间的推移覆盖面将继续扩大，带来巨大的扩散效应。通过这种国内立法，法国和德国得以对全球生产网络中并不属

①② 苏珊·斯特兰奇. 国家与市场［M］. 上海：上海人民出版社，2019：27.

③ 张中元. 国家在全球价值链治理中的作用［J］. 新视野，2020（6）.

于其管辖范围的大量他国企业行使权力，限制后者的选择。

国家的这种结构性权力与全球供应链/全球生产网络的特性密切相关。法莱尔和纽曼指出，网络是社会学意义上的结构，决定了行为者能做什么或不能做什么，然而目前学界对于网络和网络性相互依存的关注远远不够。① 网络的特点是不对称性，社会网络往往是高度不平等的，其中一些节点非常重要，而且这种权力格局一旦形成就会不断强化。网络中的中心节点能够比其他节点获得更多的信息和关系，通过强烈的"富者愈富"效应，网络上会呈现出一种具体的、持久的权力失衡格局。像许多其他复杂现象一样，关键的全球经济网络往往会产生越来越不对称的拓扑结构，其中的交换变得集中化，主要通过几个特定中介进行。②

法莱尔和纽曼从现实主义视角出发，探讨了国家如何以及在何种情况下可能利用网络结构作为其强制工具。市场参与者建立起的网络在无意中为既关心政治又关心经济的国家提供了必要的杠杆来扩大其跨国影响。全球生产网络是由追求效率和市场力量的市场行为者建构的，但这个网络可以被国家用于完全不同的目的，将网络化的相互依存武器化。国家之所以能够做到这点，是因为网络可以发挥"全景监狱效应"和"阻塞点效应"。全景监狱效应的意思是，通过控制住某些网络节点就可以监测整个系统的信息；阻塞点效应意味着通过这些关键节点可以对对手进行制裁。全球供应链就是这样一个权力并不对称的网络。以往人们曾认为它是一个开放的链接系统，当一个链接节点关闭时会有许多替代路径出现，但事实上这个网络是不对称的，贸易和金融的流动依赖于数量相对较少的枢纽节点，对这些枢纽节点的控制就使得政府能够阻止对手获得全球经济网络的关键部分。③ 法莱尔和纽曼以互联网和 SWIFT 两个例子分析了国家如何可能通过行使其结构性权力将全球金融信息网络和互联网信息网络武器化。

当然，作为网络，全球供应链与 SWIFT 和互联网仍有一些不同，其特殊性和复杂性也意味着国家要改变全球供应链的秩序变得更加困难，这方面仍有待更深入地研究，本书在此做一些初步的探讨，以期抛砖引玉。第一，作为网络，全

---

① Henry Farrell, Abraham L Newman. Weaponized Interdependence: How Global Economic Networks Shape State Coercion [J]. International Security, 2019, 44 (1): 42-79.

② John F Padgett, Christopher K Ansell. Robust Action and the Rise of the Medici, 1400-1434 [J]. American Journal of Sociology, 1993, 98 (6): 1259-1319.

③ Henry Farrell, Abraham L Newman. Weak Links in Finance and Supply Chains are Easily Weaponized [J]. Nature, 2022 (605): 220.

球供应链的独特性在于，它是实体网络而不仅仅是虚拟的信息传输网络，全球供应链网络中不仅涉及不同节点之间的信息交换，还涉及企业在几十年间积累的信任与合作、物流保障、研究开发等，因此网络节点之间链接机制的复杂程度可能要远远高于 SWIFT 和互联网。众所周知，全球供应链是在过去半个世纪里由全球数不清的企业基于效率原则自生自发形成，改变其秩序势必意味着企业要承担转换成本，这一成本可能会非常高昂，令企业难以承受，进而在企业与管辖政府间产生进一步的博弈。有时，阻塞网络上某一枢纽可能带来的巨大影响需要通过突发事件或战争等时机才能充分暴露，例如，2018 年美国政府将俄罗斯寡头奥列格·德里帕斯卡（Oleg Deripaska）及其公司列入指定清单，美国企业被禁止与其进行交易，美国境外的企业也无法为其交易提供便利。这使一些大型联合企业的客户和供应商如总部位于莫斯科的铝加工商俄铝联合公司的客户和供应商都面临巨大的法律风险，并且人们很快发现，将该公司列入指定清单可能会摧毁欧洲汽车制造商和其他企业。这迫使美国政府不得不做出调整，实际上解除了部分制裁。第二，全球供应链中的主导企业虽然在网络中拥有不对称的权力，但它作为产品或服务的提供商还会受到更下游主体即消费者的影响。在复杂的地缘政治时代，消费者的消费观念未必与供应链主导企业的目标一致，因此，市场上数量众多的消费者也可能对供应链主导企业形成一种弥散性的权力。除非跨国公司不关心某一市场，否则它将不得不在国家基于管辖权而拥有的直接权力和目标市场消费者所拥有的间接弥散性权力之间进行艰难的平衡。第三，全球供应链还可细分为买家驱动型和生产者驱动型，不同类型的供应链的治理结构也有所不同，即使是同一类型的供应链，供应商的可替代性也会影响主导企业与供应商之间的权力对比，许多问题仍需具体情形具体分析。这些都表明，全球供应链作为一个网络，其秩序演化的复杂性可能远远高于信息传输网络，国家要利用全球供应链网络行使结构性权力可能会面对更加复杂的局面。

第七章 第二次治理变迁的影响评价

第一节 主导企业为主的全球供应链
企业社会责任治理

——两个错位

不平等是全球供应链体系的一个内在特征。少数超大型企业占据市场支配地位，这种市场结构使供应链主导企业能够将价格和供应条件的强大商业压力沿着链条进行传递。链条主导企业通过改变这些条件获得商业优势，从而最大化其价值获取过程。供应链的基本原理是最大限度地降低生产成本，因此，不可避免地，主导企业寻求将生产设在拥有最大劳动力灵活性和最小再分配责任的地方。供应链主导企业甚至可以不经通知就改变订单条件、改变每单位支付的价格甚至取消订单，进而迫使供应商将商定的生产时间缩短或价格减半。由于权力的不对称性，供应商在激烈的竞争环境中为保住合同往往不得不接受苛刻的条件。① 在许多情况下，供应商的应对策略是减少劳动力在投入成本中所占的份额，通过操纵这些成本来适应高度变化的商业条件。这一模式造成的直接后果是不稳定、不安全和剥削性的工作越来越多，甚至成为当代全球经济的标志。这些工作是由非

---

① Mayer F W, Phillips N. Outsourcing Governance: States and the Politics of a "Global Value Chain World" [J]. New Political Economy, 2017, 22 (2): 134-152.

常脆弱和被剥夺权利的劳动力进行的，他们主要是非正规工人、移民工人和合同工。① 可见，商业压力在很大程度上被小生产者特别是价值链中较低层次的小生产者和工人所吸收。全球价值链的分配格局是由其中的经济逻辑决定的，而全球价值链本身又是由治理政治决定的。② 当前全球供应链中以"主导企业为主"的企业社会责任治理模式存在严重错位，这是导致全球供应链企业社会责任活动低效与不足的根本原因。③

一、全球供应链中贡献与收益的错位

供应链中任何一个企业对社会责任的贡献都会让整个供应链受益，但在当前供应链企业社会责任管理模式下，不同企业对整个供应链企业社会责任的贡献与其收益是错位的——主导企业一般处于供应链体系中的始端和终端，处于供应链中游的一般是制造与服务性质的企业，其中制造企业承担的社会责任最多，对整个供应链的社会责任绩效贡献最大，但收益却最少。有学者曾以纺织服装企业为样本，对我国浙江省宁波市各区县的 93 家纺织服装企业进行问卷调查，74.2%的被调查企业表示采购商的议价能力很强或较强，73%的企业反映，当承接与供应商企业社会责任挂钩的国外采购订单时并没有得到高于一般水平的订货价格。薛哲夫等学者对几种不同形态的供应链模型的定性和定量分析都印证了这一点，即处于供应链始端与终端的企业承担的社会责任最小，在企业社会责任活动中受益最多，而处于供应链中游的企业承担的社会责任最大，在此类活动中受益最少。④ 造成这一局面的根本原因是，当今全球供应链利益分配是由主导企业统领的、基于供应链地位的利益分配模式。主导企业将责任、价格与利润分割，将验厂与采购分派两个部门控制，验厂部门按照企业社会责任标准进行审核，采购部门在选择供应商时以竞价为交易规则，为降低成本而一味压价，不考虑供应商的承受能力，使供应商的利润空间越来越小。处于强势地位的供应链主导企业具有较强的实力、较大的规模和众多的市场选择，而制造企业只是整个产业链中影响

① Barrientos S. Contract Labour：The Achilles Heel of Corporate Codes in Commercial Value Chains［J］. Development and Change，2008，39（6）：977-990.

② Mayer F W，Phillips N. Outsourcing Governance：States and the Politics of a "Global Value Chain World"［J］. New Political Economy，2017（22）：134-152.

③ 吴定玉. 供应链企业社会责任管理研究［J］. 中国软科学，2013（2）：55-63.

④ Hsueh C F，Chang M S. Equilibrium Analysis and Corporate Social Responsibility for Supply Chain Integration［J］. European Journal of Operational Research，2008，190（2）：116-129.

力相对较小或竞争激烈的一部分，对终端市场控制力较弱，市场选择的空间相对较小，小企业尤甚。从交易关系来看，二者之间存在既是市场契约关系又具备一体化控制关系的特征。为了生存，供应商就冒着社会责任缺失的风险，向生态和生命索取利润，这正是"血汗工厂"出现的深层原因。这种权力结构导致在价值分配中，位于供应链始端和末端的主导企业利用其供应链地位得以收获链条中的大部分利益，它们从社会责任缺失风险管理中获益最多却投入最少。与之相反，位于中端的制造企业投入最多却获益最少。这种格局势必会抑制制造企业进行社会责任风险管理的积极性，导致整个供应链风险增大。

当今较流行的跨国公司验厂行动的本意是要防范社会责任缺失风险，实质上却加大了工厂的投入，降低了工厂的利润。社会责任风险管理的投入与收益不对称对承担了大部分成本的其他企业来说并不公平，进而导致链条上的供应商没有积极性，采取各种手段敷衍应付，难免发生社会责任缺失风险并传导出去。①

综观国内外诸多企业社会责任风险事件，其根源就在于供应链主导企业与供应商之间倒挂的、非常不合理的责任成本分担。履行企业社会责任增加的成本本来应当由供应链上的每个个体共同承担，品牌企业与供应商都应承担相应份额，现实中却是购买方一再压低采购价格忽视供应商的企业社会责任成本，埋下了社会责任风险的隐患。解决这一问题最直接的方法就是通过合理的价格机制纠正外包模式下不合理的企业社会责任成本转嫁，否则单纯依靠在原有结构基础上加大监督和制裁并不能根本性地解决问题。在这方面，彪马公司的举措值得推广，该公司在采购时给社会责任表现出色的供应商的价格要高于做得普通的企业。同时，彪马公司内部专门的报价部门定期根据供应商劳动用工及原材料的上涨状况考虑提高产品单价，每隔半年调整一次。另一个好的例子是星巴克，该公司近年来加大了在企业社会责任建设方面的投入。其农场和农民采用优良的种子和科学、环保的种植方法为星巴克提供高质量的"绿色咖啡豆"，星巴克则为了保证供应商的利益，在世界咖啡市场价格降到40~50美分/磅时仍然用1.2美元的高价来收购"绿色咖啡"。由于星巴克咖啡在顾客中形成了良好的口碑，大家都愿意花3美元的高价买一杯"有社会责任的咖啡"，形成良性循环。这些案例也表明，在供应链中，通过优化利益分配机制才能使得各环节企业都有积极性也有能力去承担社会责任，真正推动供应链的社会责任系统得到良好的整合。

---

① 胡继灵，杨丽伟．论供应链企业间社会责任缺失风险的传导［J］．现代物业，2010，9（2）．

二、目标与内容的错位

一般供应链治理结构可简化为三个层次：主导企业—供应商—供应商的供应商，供应链社会责任治理由主导企业发起，供应商响应，再传导至供应商的供应商。在这个传导过程中，供应链中的主导企业与供应商的企业社会责任目标与内容是错位的。主导企业的企业社会责任行为是为了品牌信誉、用户信任、产品附加值、企业形象、市场扩大等；工作内容主要是从事慈善事业和社会公益事业、提高员工福利、推行向消费者负责的各种举措，这些都与企业形象和品牌价值挂钩。而供应商企业社会责任行为的目标是更多的订单、改善竞争环境以及可能随之而来的利润；工作内容主要是满足由主导企业和供应链外部组织规范与制定的供应链的规格化参数要求，保护供应链产品的品牌和用户价值免受社会责任丑闻的影响，履行基本劳动及环境法律责任，如有外购、分包或转包业务还应选择守法的供应商（包括原料供应商、分包商和承包商）。由此可见，供应链主导企业对其供应链成员进行社会责任的治理或监察属于自身的伦理责任范畴，与品牌危机管理具有重要关联；而供应商的企业社会责任行为受明确的商业目的驱动，其社会责任的履行与利润和成本密切相关。由于存在以上错位，当前供应链企业社会责任治理所面临的最大困境就是主导企业如何确保供应商遵从社会责任行为守则，更好地履行社会责任。然而，由于供应链各节点企业的谈判能力、利益和社会责任分布不对称，谈判能力强大的主导企业负责制定企业社会责任行为准则，承担较小责任并获得较多利益，相对力量弱小的供应商承担了大部分社会责任，利益分配却较少，这就为整条供应链的风险埋下了隐患。为确保和提高供应商的合规度，主导企业采取以监管为主要特征的管理模式，通过社会责任审计对供应商社会责任履行情况进行监督、检查，若供应商通过了检查则与其继续合作，否则对其罚款甚至中断合作。① 然而研究表明，强迫式的控制机制（如监管）常常会导致机会主义的发生，监管和合规度之间呈负相关关系。② 供应链主导企业的这种监管模式在大多数情况下是低效的，它并不能从根本上提高供应商的遵从度，现实中常常呈现出一种"伪合作模式""被迫合作模式"或"松散考察合作

---

① 吴定玉 . 供应链企业社会责任管理研究［J］. 中国软科学，2013（2）：55-63.
② 王长义 . 基于程序公正性视角的跨国公司供应链社会责任管理研究［J］. 理论学刊，2011（4）：85-88.

模式"，不能从根源上解决供应商遵从社会责任守则动力不足的问题。① 艾瑞克（Eric Boyd）等的研究还发现，高水平的监测并不一定会增加供应商的遵守守则行为，甚至还可能损害采购商与供应商的关系。②

在全球供应链企业社会责任治理中，如果继续沿用主导企业决定的供应链治理体系而不触及全球供应链主导企业与供应商之间租金产生过程的程度和性质、不触及租金份额取得的结构性问题③，不改变主导企业与供应商之间贡献与收益错位、目标与内容的错位等根本矛盾，那么问题即使可能有所改善，也不能得到根本解决。不仅如此，这种做法还会产生新的负面分配效果，因为发展中国家的中小企业很可能被剥夺进入全球供应链进而利用这一全球基础设施参与全球市场的机会。

第二节　对发展中国家和发达国家的影响

一、对发展中国家生产商的影响

大量研究充分证明，一些发达国家的监管对发展中国家的企业特别是小生产商可能产生严重影响。1990 年，英国颁布了《食品安全法》，该法内容与法国的《企业警戒责任法》及德国的《企业供应链尽责管理法》很相似，要求食品零售商进行"尽责管理"以确保达到特定的食品安全和卫生标准。朵兰（Dolan）等1999 年进行的研究表明，英国的《食品安全法》对新鲜果蔬的全球商品链产生了显著影响，其中的尽责管理要求对于大型农场（通常是白人拥有的）来说要比小农群体容易得多，成本也更为低廉，该法案最终导致一些小型的非洲生产商退出了英国市场。类似地，对外包生产商提出的清洗、分级、包装甚至条形码等

①　陶菁. 错位与合作——全球供应链中的企业社会责任［J］. 商场现代化，2009（2）：23-24.

②　Pedersen E R, Andersen M. Safeguarding Corporate Social Responsibility（CSR）in Global Supply Chains：How Codes of Conduct Are Managed in Buyer-supplier Relationships［J］. Journal of Public Affairs, 2006, 6（3）：228-240.

③　Dennis Davis, Raphael Kaplinsky, Mike Morris. Rents, Power and Governance in Global Value Chains［J］. Journal of World-Systems Research, 2018, 24（1）.

要求也会产生相同效果。由发达国家设定的标准重新定义了质量，并影响价值链参与者之间的权力和价值分配。农业食品价值链的研究表明，因为合规成本过高，小农因此被普遍排除在出口价值链之外。

全球供应链构成了企业参与世界贸易并提升在该体系中地位的组织基础，在此意义上，它可被视为社会资本以及全球经济中有价值的竞争性资产。[①] 然而，企业要获得这一竞争性资产带来的优势，首先需获得链条成员资格并接受加入链条所要求的严格条件。由此，全球供应链也可以被视为排除不愿接受这些条件和随之带来的成本上涨的行动者的手段。链条中权力的不平衡意味着，全球供应链主导企业的权力以及它们将弱势行动主体纳入或逐出体系的能力会对发展中国家的生产系统产生影响。以此观之，国家的或者区域性的供应链法并非一个全球性的解决方案，其本质只能是将存在严重治理问题的国家造成的负面外部性内部化，却并不能解决有关国家的主要问题，甚至会恶化这些发展中国家的企业特别是小型企业的处境。因此，对于全球供应链中的企业社会责任这个全球性问题，应在直面根本矛盾的基础上由全球协商探讨解决方法，而非无视基本矛盾一味加码制裁。正如斯特兰奇所指出的，结构主义理论或依附理论首先假设市场不是中立的，历史和世界各地经济发展的不平衡带来了对亚洲、非洲和拉丁美洲发展中国家的偏见。这种偏见是该国际体系固有的，因此，执行帮助第三世界赶上并成为与日本、欧洲和北美工业国平等的贸易伙伴的政策以资弥补，是合情合理的。[②]

二、对少数发达国家的结构性权力与域外法治的影响

自 20 世纪 80 年代全球商品链成为学者研究对象以来，"买方—供应商"二元关系中的谈判权力一直是文献的共同焦点。这一权力视角聚焦于身份明确的供应链"主导企业"对链条上其他主体如供应商所施加的权力。然而，通过前面对全球价值链中权力的梳理，我们获得了对该领域权力图景更完整的理解。二元关系中的谈判权力虽然是全球价值链权力问题的核心，但它远非全貌。必须看到，市场及其相关资源和权力的分配是在社会政治环境中构建的，我们需拓宽

---

① Raikes P, Jensen M F, Ponte S. Global Commodity Chain Analysis and the French Filiere Approach: Comparison and Critique [J]. Economy and Society, 2000, 29 (3): 390-417.

② 苏珊·斯特兰奇. 国家与市场 [M]. 上海: 上海人民出版社, 2019: 193-194.

"权力"的视野，发现传统二元关系以外的影响全球供应链竞争和治理的力量，如民间社会组织、消费者团体、民族国家等，厘清它们发挥作用的机制，唯有如此才能更好地把握全球价值链的演变规律与趋势。实证研究已经证明，企业的社会嵌入性塑造了它们的经济行为，进而塑造了全球公共网络中的权力和治理结构。① 全球供应链中的几种权力并不相互排斥，它们通常是共存的，并且随着时间的推移会以复杂的方式混合。一种类型的权力往往与另一种发生重叠或产生支撑，不同类型的权力可能相互叠加并彼此强化。

企业社会责任治理第二次变迁后，买家—供应商这一核心二元关系中的谈判权力会如何受到国家权力的影响？前文的分析已经表明，国家通过管辖供应链主导企业而获得了结构性权力，得以对供应链上大量的域外企业行使间接管辖权。全球供应链呈现出一种"高度杠杆化的管理贸易形式"，在这种贸易中，最强大的参与者即供应链主导企业如今要听命于对其有管辖权的国家。全球市场参与从"一个独立行动主体对市场信号做出反应的被动过程转变为一套在经济和非经济主体的协调和控制的系统中动态构建的产业变革"②，国家和国家权力的动员在这一过程中发挥了核心作用。有学者提出，全球价值链中的治理权力有三个：第一是设定在全球价值链中产生和分配租金的条款的能力，即"立法治理"；第二是影响链条参与者以满足全球价值链规则的能力，即"执行治理"；第三是监督链条中不同行为者表现的能力，即"司法治理"。在国家通过供应链立法进行的外包治理模式下，少数发达国家可以利用全球市场和权力机构的杠杆效应发挥举足轻重的影响，进行立法治理、执行治理和司法治理。这种治理固然有其不可忽视的社会价值，但如果只是由发达国家的行动主体单独决定标准中包括哪些内容以及如何评估，如果生产者仍然只是关键决策过程的接受方，这种权力关系模式下的标准将产生较强的排他性效果，导致中小企业尤其是发展中国家的中小企业无法进入市场。相对来说，发展中国家及其企业参与全球治理的能力较弱，在通过贸易协定和规则确保自身经济安全方面拥有的权力与发达国家并不对称。在更高标准的合规方面面临挑战的发展中国家如果没有能力响应更高的过程标准和产

---

① Hess, Martin, Henry Wei-Chung Yeung. Whither Global Production Networks in Economic Geography: Past, Present and Future [J]. Environment & Planning, 2006, 38 (7): 1193-1204.

② Jeffrey Neilson, Bill Pritchard, Henry Wai-chung Yeung. Global Value Ghains and Global Production Networks in the Changing International Political Economy: An Introduction [J]. Review of International Political Economy, 2014, 21 (1): 1-8.

品标准的需求，其企业就有被完全排除在全球供应链之外的风险。斯特兰奇曾一针见血地指出，由于世界市场经济的发展和扩大，美国的权力来源已经从土地和人民变成对世界体系的结构性控制，而在对基本结构施加影响时，美国的权力和竞争对手的权力之间的差距仍然十分显著，由此导致现代生产结构的动荡或委婉地称之为"调整"的负担大多数沉重地落在发展中国家而非发达国家肩上。① 此外，针对欧美等地区和国家在推行以"供应链法"为代表的国内法域外适用机制过程中将环境保护问题与其他人权保护问题深度捆绑，将本国价值观通过跨国公司供应链体系强制向他国推行的做法，也有许多国家提出了抵制和批评。②

在全球化时代，国内治理与国际治理越来越表现出高度的依存性、渗透性和互动性。③ 如今的全球经济中，蔓延着经济民族主义与全球经济"俱乐部化"观点，民族国家正在越来越多地试图对全球价值链、全球供应链施加直接或间接的影响。如果一些国家掌握了全球生产体系中的结构性权力，那么全球生产结构就会由这些国家的政策和市场趋势联合造就。日渐复杂的国际政治经济环境提示我们，"买方—供应商"谈判权力背后有着更复杂的影响因素，对全球供应链治理的分析需特别关注民族国家如何通过全球供应链行使结构性权力影响其域外企业的选择。安顿好全球治理中的"国家在场"，协调好全球治理与国家治理的关系，是实现全球化时代人类所面临普遍性问题的必由之路。

结语　推动更完善的企业社会责任治理

全球生产网络不仅是市场竞争的场所和增值活动链，还涉及复杂的政治经济系统，市场及相关资源和权力的分配是在特定的社会政治环境中构建的。由于其经济和政治特征，全球生产网络受到形式复杂的多层次治理的约束。④ 近年来，

---

① 苏珊·斯特兰奇. 国家与市场 [M]. 上海：上海人民出版社，2019：189.

② 田泽华. 跨国公司环境治理机制研究——以"供应链法"域外适用为依归 [J]. 中国环境管理，2022 (4).

③ 刘世强，魏雅珍. 国家全球治理能力的理论探析 [J]. 江苏大学学报，2020 (3)：10-23.

④ Levy, David L. Political Contestation in Global Production Networks [J]. Academy of Management Review, 2008, 33 (4)：943-962.

一些国家陆续颁布强制性供应链尽责管理法，要求大型企业进行供应链溯源和供应链上社会责任尽责管理，国家呈现出积极"回归"全球供应链规制的趋势。在全球化时代，国内治理与国际治理之间高度的依存性、渗透性和互动性表现得越来越明显。[①] 虽然供应链尽责管理立法可能会推动全球供应链上企业改善社会责任表现，但国家的或者区域性的供应链法并非一个全球性的解决方案，在不能解决供应链体系内部不合理价值分配模式的根本矛盾的情况下，这些立法在结果上更有可能只是将匮乏资金和能力的发展中国家企业特别是小型企业从供应链体系中逐出，而真正需要解决的矛盾从此被掩盖。因此，对于全球供应链中企业社会责任这个全球性问题需要的是一个全球性的解决办法。

我国在积极推动全球供应链企业完善社会责任治理时，应呼吁各国正视发达国家与发展中国家、供应链主导企业与链条上其他企业在谈判能力、利益与社会责任分布方面的高度不对称性，正视其中存在的贡献与收益错位的客观现实，参考供应链整合的价值创造机理，推动建立更完善的供应链社会责任整合治理模式。更完善的治理模式不应仅由监督和评估机制构成，其中还应建立协助机制与激励机制，切实增强供应链上企业履行社会责任的动力，而不是一味依赖监督和制裁。在全球供应链企业社会责任治理方面，我国可以本着以下精神积极推动相关进程。

第一，积极提升供应链企业社会责任治理的程序正义。已有研究表明，强迫式的供应链控制机制（如监管）常常会导致不遵守既定协议等机会主义行为的发生，监管和合规度呈负相关关系。[②] 这种监管式管理模式之所以不能保证供应商的遵从度，主要原因在于：跨国公司和供应商在社会责任决策方面不能进行有效沟通和交流，决策信息存在不对称性，供应商在这一过程中没有发言权。有学者研究指出，以程序正义而不是更大的监督为特征的企业社会责任实施制度更有可能提高供应商的合规性，从而改善而非损害买方与其供应商的交换关系。[③] 美国社会心理学教授特里鲍特（Thibaut）和沃克（Walker）将公正性的心理学理

① Dennis Davis, Raphael Kaplinsky, Mike Morris. Rents, Power and Governance in Global Value Chains [J]. Journal of World-Systems Research, 2018, 24（1）.

② 王长义. 基于程序公正性视角的跨国公司供应链社会责任管理研究 [J]. 理论学刊，2011（4）：85-88.

③ Boyd D E, Spekman E R, Kamauff W J, Werhane P. Corporate Social Responsibility in Global Supply Chains：A Procedural Justice Perspective [J]. Long Range Planning, 2007（40）：341-356.

论与有关程序方面的研究相结合，指出程序性公正是指决策制定者使用政策、程序和准则以达成某一争议或协商之结果的公平性。随着相关研究的深入，一向被视为一种心理现象的程序公正性不再局限于法律范畴，进一步扩展到企业管理和国际商务管理等其他社会科学领域。在跨国公司供应链社会责任管理中，研究表明，程序公正性对组织遵从行为有着积极的影响。对合资企业的研究发现，当合资企业管理人员认为母公司在制定合资企业战略过程中遵循更加公正的程序时，他们采纳和遵从母公司战略的程度就会很高。程序公正性甚至能使组织一方接受和遵从不符合其最大利益的一些决策和策略。① 基于程序公正性的供应链社会责任决策有利于克服现有供应链社会责任管理模式的缺陷和不足，提高供应商社会责任的遵从度。从原理上看，一方面，供应链主导企业基于程序公正性推行社会责任会使供应商感觉到其自身利益受到了尊重和保护。心理学研究表明，在交易关系中个人拥有的控制权和发言权能影响其对公正的感知度，控制权和发言权越大，个体的公正感知度越大，越感觉受到了尊重。② 因此，程序公正性不但有助于保护供应商的经济利益，而且有助于确保供应商关心的问题在跨国公司决策过程中体现出来，提高供应商的社会责任遵从度。另一方面，基于程序公正性的社会责任有助于供应链主导企业与供应商彼此间产生承诺和信任，向供应商传递一种富有意义的可置信承诺，使供应商对跨国公司社会责任决策的过程和结果产生较强的支持意愿，也愿意做出相应的责任承诺。每次积极行动的实施都会推动承诺的良性循环，这就有助于双方合作共同取得成功，提高供应商的社会责任遵从度。除此之外，在程序公正性基础上推行社会责任还有助于主导企业与供应商的沟通，化解彼此在社会责任方面的分歧和矛盾，使供应商对跨国公司制定和推行的社会责任决策获得合理和完整的解释，也使主导企业能更好地发现社会责任实施中出现的问题和解决之道。这无疑能向供应商传递旨在建立长期协作伙伴关系的信息：供应商受重视不仅因为它们是跨国公司的交易伙伴，还因为作为供应链中的一员，跨国公司想与之建立长期协作的伙伴关系。当这种信息被供应商感知后，就有助于其对主导企业的决策做出积极响应，包括积极遵从跨国公司的社会责任行为守则、降低机会主义行为。因此，程序公正性对供应链中供应商的社会

---

① Kim W C, Mauborgne R A. Procedural Justice Attitudes and Subsidiary Top Management Compliance with Multinationals' Corporate Strategic Decisions [J]. Academy of Management Journal, 1993, 36（3）.

② Lind E A, Tyler T R. The Social Psychology of Procedural Justice [M]. New York：Plenum Press, 1988.

责任合规行为有着积极的影响。

在金（Kim）和莫博涅（Mauborgne）等提出的决策程序公正性基础上，基于程序公正性的跨国公司供应链社会责任决策应具有以下特征：①双向沟通性。跨国公司与供应链上的各个供应商能围绕社会责任决策进行双向、互动的交流；②反驳能力，供应商可以合理地挑战与回绝跨国公司在企业社会责任方面的观点；③提供说明，指跨国公司要向各个供应商提供最终社会责任决策的完整说明；④熟悉性，指跨国公司相当了解各个供应商的情况；⑤公平的社会责任决策制定程序，指跨国公司在进行供应链社会责任决策时要对各个供应商一视同仁。① 进一步，实施以程序公正性为基础的供应链社会责任治理应遵循以下基本原则：①一致性原则。在整个社会责任决策期内，所有受社会责任决策影响的主体，无论是主导企业还是各个供应商都应适用相同的程序。②代表性原则。所有受社会责任决策影响的供应商都有发言权，作为决策者的跨国公司必须对供应商所关切的问题与价值观进行综合考虑并在决策程序中有所反映。③避免偏见原则。在社会责任决策过程中，跨国公司应该避免偏袒自身的利益，同时应该乐意接受供应商的不同观点和意见并排除先入为主的偏见。④信息的准确性原则。程序是建立在准确信息基础之上的，跨国公司应该尽可能依据最完整的信息及有佐证的意见来进行社会责任决策。⑤修正性原则。跨国公司对于不适当的或不公平的社会责任决策应该留有可修正及撤销的余地。⑥道德性原则。程序必须符合所有受跨国公司社会责任决策影响的主体的基本伦理道德和价值观。总之，供应链主导企业应协助供应商履行企业社会责任，让供应商理解供应链主导企业的文化、价值以及公司对社会责任的重视，推动双方形成共享的价值规范。

第二，推动供应链价值分配模式向更合理的方向改进。20 世纪 90 年代，企业社会责任运动通过跨国公司供应链管理延伸到我国，全球供应链上价值分配失衡的情况同样在我国出现。2008 年，中国纺织工业协会通过对江苏、浙江、山东等 6 个省市的纺织企业进行摸底调查后发现，纺织行业中 2/3 的企业平均利润只有 0.62%，剩余 1/3 企业的利润也只在 6%～10%，行业平均利润为 3.9%。可见，行业的廉价劳动力优势并未给纺织企业带来充沛的利润率，然而这些企业要实施企业社会责任却需要实质性的成本投入。2006 年，中国纺织工业协会发布

---

① 王长义. 基于程序公正性视角的跨国公司供应链社会责任管理研究［J］. 理论学刊，2011（4）：85-88.

了中国第一份有关企业社会责任发展状况的行业综合报告，根据该报告，企业社会责任标准要求企业按照法律规定处理劳动用工问题，企业如果雇佣新员工则需支付额外的基本工资、劳保、厂房、设备、能源等成本，即便不雇佣新员工，仅因依法按倍数支付加班费也将使工资成本提高35%。依照前述行业平均利润率，企业在面对社会责任成本时可谓捉襟见肘。与之形成对照的是，跨国公司通过全球业务外包和跨国采购成为供应链的主导者，其主体业务脱离了传统的劳动密集型制造，它们已经不是劳工与环境责任的直接承担者，却控制和决定着供应链上的全部交易条件和利润分配模式。那么，在当今的供应链治理中，由不直接承担责任的供应链主导企业控制和决定的分配方式的公正性如何？在不解决利润责任错位的情况下，是否可能真正驱动供应链成员企业履行企业社会责任？这些问题都值得认真反思。① 我国应通过一个符合公理的合作模式改进现行的供应链各环节价值分配方案。针对于此，学者提出了一些改进供应链企业价值分配的方法，无疑有助于解决现有的企业社会责任治理问题，这些方法如下：①基于制造商参与销售的利益分配模式。如果制造商与零售商一道参与销售，就能获得更多利益，基于斯塔克尔伯格博弈后，制造商与分销商可将利润四六分成，这为制造商提高收益提供了一种升级方法。② ②基于所投入成本与资源重要性进行分配的模式。即根据成员企业在供应链中所处的地位，对其投入该种资源在整个供应链中的重要性设定成本价值权数，对成员企业投入的资源成本价值进行调整并据以进行收益分配。③ ③基于顾客价值认知的分配模式。供应链每个成员分得的利益以其在顾客价值驱动过程中的贡献为基础。④ 学者陶菁指出，这三个方案立足于成本与回报，建立了基于所投入成本与资源重要性的分配模式，较符合公平原则，但均未能正视供应链分配中的控制权问题——如果供应链中有一家企业能够在原有的利益分配中占据优势而得到较多的份额，那么这三种合作分配模式都无法令该企业得到的收益高于之前的收益，这种情况下，这些新的分配模式都会因该企业的阻碍而无法推行。为此，企业社会责任作为一种需要成本投入且能够带来广

---

① 陶菁. 错位与合作——全球供应链中的企业社会责任 [J]. 商场现代化，2009（2）：23-24.

② 潘会平，陈荣秋. 供应链合作的利润分配机制研究 [J]. 系统工程理论与实践，2005（6）：87-93.

③ 魏修建. 供应链利益分配研究——资源与贡献率的分配思路与框架 [J]. 南开管理评论，2005，8（2）：78-83.

④ 孙明贵，张高生，等. 供应链/价值链中的顾客价值驱动结构分析 [J]. 软科学，2006（1）.

泛外部正效应的行为，其驱动机制应立足于成本投入，以善果来鼓励企业的善举。既然现有的分配模式已经在现实中居于主导地位，那么在价值分配设计时就需专门针对该模式进行修正，使之向较为公平的成本收益组合的方向移动。为此，应该在责任与财务成果之间建立联系，关键是产生"激励"机制，通过公平合理的收益分配保证协同过程的顺利进行和市场机会的敏捷响应。① 这里的激励是指，供应链中上游或下游企业对合作伙伴社会责任行为的投资成本进行相应分担，或是提供利益反馈。② 可采用的激励措施包括收益共享契约、收入共享二部定价契约、补偿的批发价格合同等。③ 收益共享契约可以弥补分散决策下供应链的效率损失，达到供应链协调。④ 以数量折扣合同和质量改进成本分担合同为特征的供应链契约也有助于供应链协调。博弈理论模型研究发现，上下游企业共同承担社会责任成本可实现更高的社会责任水平。⑤

我国应呼吁，为解决当前全球供应链企业社会责任管理的困境，供应链企业应当在所有节点企业的共同参与下建立伙伴关系，主导企业应当与供应商通过谈判和对话确立各方责任和公平定价，并对利益和责任的不对称问题给予合理的补偿。公司是利益相关者相互之间缔结的"契约网"，各利益相关者的目的是通过公司"契约网"获取单位个人生产无法获得的合作收益。"利益相关者理论"体现了共同治理的理念，强调治理主体的多元性。⑥ 在"利益相关者合作"逻辑下引入共同治理机制有助于共同促进供应链企业社会责任。因此，一个体现和贯彻合作逻辑的治理结构，必须让每个主体都有参与分配决策的机会。⑦ 要成功推进

① 陶菁. 全球供应链中的企业社会责任价值分配 [J]. 物流经济，2009 (4).
② 李金华，黄光于. 供应链社会责任治理机制、企业社会责任与合作伙伴关系 [J]. 管理评论，2019，31 (10)：242-254.
③ Modak N M, Panda S, et al. Corporate Social Responsibility, Channel Coordination and Profit Division in a Two Echelon Supply Chain [J]. International Journal of Management Science & Engineering Management, 2016, 11 (1)：22-33; Panda S. Coordiantion of a Socially Responsible Supply Chain Using Revenue Sharing Contract [J]. Transportation Research Part E: Logistics & Transportation Review, 2014, 67：92-104.
④ 段华薇，严余松，张亚东. 考虑企业社会责任的物流服务供应链定价与协调 [J]. 控制与决策，2016，31 (12).
⑤ 马跃如，周默亭，曹裕. 二级供应链中企业社会责任行为的博弈研究 [J]. 财经理论与实践，2019，40 (4)：130-136.
⑥ 吴光芸. 利益相关者合作视野下跨国公司社会责任的强化 [J]. 广西经济管理干部学院学报，2008 (4)：13-21.
⑦ 杨瑞龙，周业安. 论利益相关者合作逻辑下的企业共同治理机制 [J]. 中国工业经济，1998 (1)：38-45.

供应链企业社会责任，应着重建立公正的企业社会责任产生机制。在同一个供应链中的所有企业都应遵循基本伦理道德和价值观以及相关的社会责任规范与守则，在供应链企业社会责任产生过程中保持程序公正性，而不是由部分主导企业一厢情愿进行单方面安排，借"认证守则"及"验厂审计"之名将供应链企业社会责任风险转嫁给供应商，从而免除在自行组织生产时要面对的环境污染、劳工权益等风险。有必要推动公平合理的利益分配机制，克服当前供应链企业社会责任管理的主要缺陷。对于自觉积极履行企业社会责任的企业，应通过制度安排进行声誉、经济方面的正面激励，而当供应链企业忽视社会责任时，受损的利益相关者可通过产品市场、人力资源市场以及法律制度对其进行惩戒与威慑。综合来看，在吸收国际供应链社会责任治理经验的基础上，应考虑供应链整合的价值创造机理，建立一种供应链社会责任的整合治理模式，其中包含监督机制、评估机制、协助机制与激励机制。监督机制与评估机制为供应链企业履行社会责任施加了压力，而协助机制与激励机制则增强了它们履行社会责任的动力。[①]

在国家积极"回归"全球供应链企业社会责任规制的背景下，有必要指出，国家在其中发挥的功能并不总是与企业的全球参与和潜在升级保持一致，国家的作为和不作为内在地包含了行使主权权力所固有的复杂矛盾。近年来，在经济民族主义不断蔓延的局面下，国家积极"回归"全球供应链中的企业社会责任治理可能使这一体系面临更加复杂的局面。从国际形势来看，企业人权尽责立法正在成为新一轮国际制度话语权竞争的焦点，工商业人权治理这一软实力竞争也已成为世界各国海外投资竞争的主战场，使"走出去"的本土企业所面临的挑战更为显性化、复杂化。[②] 对于已深度融入全球供应链的中国企业来说，密切关注国际层面与供应链相关的企业社会责任治理动向，更进一步加深对企业社会责任的认识，不断完善自身合规体系，是当前的重中之重。我国企业更应增强社会责任意识，变被动为主动，唯有如此才能保持在全球供应链中的竞争力。

---

① 李金华，黄光于．供应链社会责任的整合治理模式与机制［J］．系统科学学报，2016（1）．
② 梁晓晖．工商业与人权：从法律规制到合作治理［M］．北京：北京大学出版社，2019：195．

参考文献

［1］ Adek S, Raynard P. Ethical Trade Futures ［R］. London: NEF, 2000.

［2］ Arcuri A. The Transformation of Organic Regulation: The Ambiguous Effects of Publicization ［J］. Regulation & Governance, 2015, 9（2）.

［3］ Bantekas I. Corporate Social Responsibility in International Law ［J］. Boston University International Law Journal, 2004, 22（2）.

［4］ Barry C. Applying the Contribution Principle ［J］. Metaphilosophy, 2005, 36（1）.

［5］ Bartley T. Institutional Emergence in an Era of Globalization: The Rise of Transnational Private Regulation of Labor and Environmental Conditions ［J］. American Journal of Sociology, 2007, 113（1）.

［6］ Blair M M, Wiliams C A. The New Role for Assurance Services in Global Commerce ［J］. Journal of Corporation Law, 2008（33）.

［7］ Bonnitcha J, Mccorquodale R. The Concept of "Due Diligence" in the UN Guiding Principles on Business and Human Rights ［J］. European Journal of International Law, 2017, 28（3）.

［8］ Botosan C, Koonce L, Stephen G, et al. Accounting for Liabilities: Conceptual Issues, Standard Setting, and Evidence from Academic Research ［J］. Accounting Horizons, 2005, 19（3）.

［9］ Bowen H R. Social Responsibilities of the Businessman ［M］. New York: Harper & Row, 1953.

［10］ Boyd E, Spekman R E, Kamauff J W, Werhane P. Corporate Social Responsibility in Global Supply Chains: A Procedural Justice Perspective ［J］. Long

Range Planning, 2007（40）.

［11］Burns M, et al. Open Trading: Options for Effective Monitoring of Corporate Codes of Conduct, NEF and CIIR［M］. London: New Economics Foundation, 1997.

［12］Buscemi M, Lazzerini N. Legal Sources in Business and Human Rights-Evolving Dynamics in International and European Law［M］. Leiden: Brill, 2020.

［13］Cafaggi F, Iamiceli P. Regulating Contracting in Global Value Chains. Institutional Alternatives and their Implications for Transnational Contract Law［J］. European Review of Contract Law, 2020（16）.

［14］Cafaggi F, Pistor K. Regulatory Capabilities: A Normative Framework for Assessing the Distributional Effects of Regulation［J］. Regulation & Governance, 2015, 9（2）.

［15］Cafaggi F. New Foundations of Transnational Private Regulation［J］. Journal of Law and Society, 2011, 38（1）.

［16］Cafaggi F. Private Regulation, Supply Chain and Contractual Networks: The Case of Food Safety［R］. Florence: European University Institute, 2010.

［17］Cafaggi F. Regulation through Contracts: Supply-Chain Contracting and Sustainability Standards［J］. European Review of Contract Law, 2016（12）.

［18］Cafaggi F. Sales in Global Supply Chains: A New Architecture of the International Sales Law［EB/OL］.［2019-01-28］. https://papers. ssrn. com/sol3/papers. cfm? abstract_ id=3314982#.

［19］Cafaggi F. The Regulatory Functions of Transnational Commercial Contracts-New Architectures［EB/OL］.［2013-08-26］. http://dx. doi. org/10. 2139/ssrn. 2136632.

［20］Calland R, Tilley A. The Right to Know, the Right to Live: Access to Information and Socio-economic Justice［M］. Southern African Development Community: IDASA Publishers, 2002.

［21］Cassel D. Outlining the Case for a Common Law Duty of Care of Business to Exercise Human Rights Due Diligence［J］. Business and Human Rights Journal, 2016（1）.

［22］Ciliberti F, Groot G, et al. Codes to Coordinate Supply Chains: SMEs' Experiences with SA 8000［J］. Supply Chain Management: An International Journal,

2009, 14 (2).

［23］Clerc C. The French "Duty of Vigilance" Law: Lessons for an EU Directive on Due Diligence in Multinational Supply Chains ［N］. ETUI Research Paper - Policy Brief, 2021-01-13 (1).

［24］Courville S. Social Accountability Audits: Challenging or Defending Democratic Governance ［J］. Law and Policy, 2003, 25 (3).

［25］Cruz J M. Dynamics of Supply Chain Networks with Corporate Social Responsibility through Integrated Environmental Decision-making ［J］. European Journal of Operational Research, 2008, 184 (3).

［26］Dallas M, Ponte F, Sturgeon T. Power in Global Value Chains ［J］. Review of International Political Economy, 2019 (26).

［27］Davis D, Kaplinsky R, Morris M. Rents, Power and Governance in Global Value Chains ［J］. Journal of World-Systems Research, 2018, 24 (1).

［28］Deva S, Bilchitz D. Human Rights Obligations of Business: Beyond a Corporate Responsibility to Respect ［M］. Cambridge: Cambridge University Press, 2013.

［29］Feng Y, Zhu Q, Lai K H. Corporate Social Responsibility for Supply Chain Management: A Literature Review and Bibliometric Analysis ［J］. Journal of Cleaner Production, 2017, 158 (43).

［30］Frederick M, Gary G. Regulation and Economic Globalization: Prospects and Limits of Private Governance ［J］. Business and Politics, 2010, 12 (3).

［31］Frederick W, Mayer, Nicola Phillips. Outsourcing Governance: States and the Politics of a "Global Value Chain World" ［J］. New Political Economy, 2017, 22 (2).

［32］Gallear D, Ghobadian A, Chen W. Corporate Responsibility, Supply Chain Partnership and Performance: An Empirical Examination ［J］. International Journal of Production Economic, 2012, 140 (1).

［33］Gereffi G, et al. The NGO-Industrial Complex ［J］. Foreign Policy, 2001 (8).

［34］Gereffi G, Korzeniewicz M. Commodity Chains and Global Capitalism ［M］. Westport: Praeger, 1994.

［35］Gibbon P, Bair J, Ponte S. Governing Global Value Chains: An Introduction［J］. Economy and Society, 2008, 37 (3).

［36］Gibbon P, Ponte S. Trading Down: Africa, Value Chains, and the Global Economy［M］. Philadelphia: Temple University Press, 2005.

［37］Gilson R J, Sabel C F, Scott R E. Braiding: The Interaction of Formal and Informal Contracting in Theory, Practice, and Doctrine［J］. Columbia Law Review, 2010, 110 (6).

［38］Gimenez C, Sierra V. Sustainable Supply Chains: Governance Mechanisms to Greening Suppliers［J］. Journal of Business Ethics, 2013, 116 (1).

［39］Gupta A. Transparency Under Scrutiny: Information Disclosure in Global Environmental Governance［J］. Global Environmental Politics, 2008, 8 (2).

［40］Haufler V. A Public Role for the Private Sector: Industry Self-Regulation in a Global Economy［M］. Washington D. C.: Carnegie Endowment for International Peace, 2001.

［41］Hess D. The Transparency Trap: Non-Financial Disclosure and the Responsibility of Business to Respect Human Rights［J］. American Business Law Journal, 2019, 56 (1).

［42］Holtbrügge D, Dögl C. How International is Corporate Environmental Responsibility? A Literature Review［J］. International Management, 2012, 2 (18).

［43］Hsueh C F, Chang M S. Equilibrium Analysis and Corporate Social Responsibility for Supply Chain Integration［J］. European Journal of Operational Research, 2008, 190 (2).

［44］Huang G, Tong S Y, Ye F, et al. Extending Social Responsibility to Small and Medium-sized Suppliers in Supply Chains: A fuzzy-set Qualitative Comparative Analysis［J］. Applied Soft Computing, 2020, 88 (C).

［45］Jajja M S S, Asif M, Montabon F, et al. The Indirect Effect of Social Responsibility Standards on Organizational Performance in Apparel Supply Chains: A Developing Country Perspective［J］. Transportation Research Part E: Logistics and Transportation Review, 2020 (139).

［46］Jenkins R. Corporate Codes of Conduct-Self-Regulation in a Global Economy［R］. Geneva: UNRISD, 2001.

［47］Kagan R, Winston K. In Legality and Community［M］. Oakland: University of California Press, 2000.

[48] Kaplinsky R, Farooki M. What Are the Implications for Global Value Chains When the Market Shifts from the North to the South [J] . International Journal of Technological Learning, Innovation and Development, 2011, 4 (1) .

[49] Kaplinsky R, Morris M. Standards, Regulation and Sustainable Development in a Global Value Chain Driven World [J] . International Journal of Technological Learning Innovation and Development, 2008, 10 (3) .

[50] Kaplinsky R. The Role of Standards in Global Value Chains: Policy Research Working Paper 5396 [R/OL] . Washington D. C. : The World Bank, 2010. https: // documents. worldbank. org/curated/en/949931468176333094/pdf/WPS5396. pdf.

[51] Kim W C, Mauborgne R A. Procedural Justice Attitudes and Subsidiary Top Management Compliance with Multinationals' Corporate Strategic Decisions [J]. Academy of Management Journal, 1993, 36 (3) .

[52] Kinley D, Tadaki J. From Talk to Walk: The Emergence of Human Rights Responsibilities for Corporations at International Law [J] . Virginia Journal of International Law, 2004, 2 (44) .

[53] Kirton J, Trebilock M. Hard Choices, Soft Law: Voluntary Standards in Global Trade [M] . Environment and Social Governance, Surrey: Ashgate Publishing, 2004.

[54] Klassen R, Vachon S. Collaboration and Evaluation in the Supply Chain: The Impact of Plant-level Environmental Investment [J] . Production and Operations Management, 2003 (3) .

[55] Kline J. International Codes and Multinational Business: Setting Guidelines for International Business Operations [M] . Cambridge: Cambridge University Press, 1985.

[56] Kolk A, Tudder R V. The Effectiveness of Self-regulation: Corporate Codes of Conduct and Child Labor [J] . European Management, 2002 (3) .

[57] Kolk A, Tulder R V, Welters C. International Codes of Conduct and Corporate Social Responsibility: Can Transnational Corporations Regulate Themselves [J] . Transnational Corporations, 1999, 8 (1) .

[58] Kolk A, Tulder R. Setting New Global Rules? TNCs and Codes of Conduct

［J］. Transnational Corporations，2005，14（3）.

［59］Krause D R，Scannell T V，Calantone R J. A Structural Analysis of the Effectiveness of Buying Firms' Strategies to Improve Supplier Performance［J］. Decision Sciences，2000，31（1）.

［60］Lesley K，Allister M C. Harnessing Private Regulation［J］. Michigan Journal of Environmental & Administrative Law，2014，3（2）.

［61］Levis J. Adoption of Corporate Social Responsibility Codes by Multinational Companies［J］. Journal of Asian Economics，2006（17）.

［62］Lind E A，Tyler T R. The Social Psychology of Procedural Justice［M］. New York：Plenum Press，1988.

［63］Li W L. Legal Transplants Through Private Contracting：Codes of Vendor Conduct in Global Supply Chains as an Example［J］. The American Journal of Comparative Law，2008，57（3）.

［64］Locke R M，Qin F，Brause A. Does Monitoring Improve Labor Standards？Lessons from Nike［J］. Industrial and Labor Relations Review，2007，61（1）.

［65］Lundan S. Transnational Corporations and Transnational Governance［M］. Basingstoke：Palgrave Macmillan，2014.

［66］Lytton T. Competition Third – party Regulation：How Private Certification Can Overcome Constrains That Frustrate Government Regulation［J］. Theoretical Inquiries in Law，2014，15（2）.

［67］Macdonald K. Re–thinking "Spheres of Responsibility"：Business Responsibility for Indirect Harm［J］. Journal of Business Ethics，2011，99（4）.

［68］Martela M. The Significance of Culture in Promotion of Corporate Responsibility in the Supply Chain：A Case Study of India［M］. Lahti：Helsinki University of Technology，2005.

［69］Mattli W，Woods N. The Politics of Global Regulation［M］. Princeton：Princeton University Press，2009.

［70］Mcphail K，Adams C A. Corporate Respect for Human Rights：Meaning，Scope，and the Shifting Order of Discourse［J］. Accounting，Auditing & Accountability Journal，2016（29）：4.

［71］Modak N M，Panda S，et al. Corporate Social Responsibility，Channel Coordination and Profit Division in a Two Echelon Supply Chain ［J］. International Journal of Management Science & Engineering Management, 2016, 11 (1).

［72］ Modak N M, Sinha S, Raj A, et al. Corporate Social Responsibility and Supply Chain Management: Framing and Pushing Forward the Debate ［J］. Journal of Cleaner Production, 2020 (273).

［73］ Nadvi K. Global Standards, Global Governance, and the Organization of Global Value Chains ［J］. Journal of Economic Geography, 2008, 8 (3).

［74］ Norlan J. Hardening Soft Law: Are the Emerging Corporate Social Disclosure and Due Diligence Laws Capable of Generating Substantive Compliance with Human Rights Norms ［J］. Revista de Direito Internacional, 2018, 15 (2).

［75］ Oliver Westerwinter. Transnational Public-private Governance Initiatives in World Politics: Introducing a New Dataset ［J］. Review of International Organizations, 2021, 16 (4).

［76］ O'rourke D. Outsourcing Regulation: Analyzing Nongovernmental Systems of Labor Standards and Monitoring ［J］. The Policy Studies Journal, 2003, 31 (1).

［77］ Orts W. Reflexive Environmental Law ［J］. Northwestern University Law Review, 1994, 89 (4).

［78］ Ostrom E. Governing the Commons: The Evolution of Institutions for Collective Action ［M］. New York: Cambridge University Press, 1990.

［79］ Panda S. Coordiantion of a Socially Responsible Supply Chain Using Revenue Sharing Contract ［J］. Transportation Research Part E: Logistics & Transportation Review, 2014 (67).

［80］ Pattberg P. The Institutionalization of Private Governance: How Business and Nonprofit Organizations Agree on Transnational Rules ［J］. Governance: An International Journal of Policy, Administration, and Institutions, 2005, 18 (4).

［81］ Pedersen E R, Andersen M. Safeguarding Corporate Social Responsibility (CSR) in Global Supply Chains: How Codes of Conduct Are Managed in Buyer-supplier Relationships ［J］. Journal of Public Affairs, 2006, 6 (3).

［82］ Ponte S, Gibbon P. Quality Standards, Conventions and the Governance of Global Value Chains ［J］. Economy and Society, 2005, 34 (1).

［83］ Ponte S, Sturgeon T. Explaining Governance in Global Value Chains: A

Modular Theory – Building Effort［J］. Review of International Political Economy, 2014, 21（1）.

［84］Porteous A H, Rammohan S V, Lee H L. Carrots or Sticks? Improving Social and Environmental Compliance at Suppliers through Incentives and Penalties［J］. Production and Operations Management, 2015, 24（9）.

［85］Prakash A, Potoski M. Collective Action through Voluntary Environmental Programs: A Club Theory Perspective［J］. Policy Studies Journal, 2007, 35（1）.

［86］Ronit K, Schneider V. Global Governance through Private Organizations［J］. Governance, 1999, 12（3）.

［87］Ruggie J G. Reconstituting the Global Public Domain – Issues, Actors and Practices［J］. European Journal of International Relations, 2004, 19（4）.

［88］Ruggie J. Protect, Respect and Remedy: A Framework for Business and Human Rights［J］. Innovations, 2008, 3（2）.

［89］Ryngaert C. Transnational Private Regulation and Human Rights: The Limitations of Stateless Law and the Reentry of the State［M］. Strasbourg: Wolf Legal Publishers, 2015.

［90］Sancha C, Gimenez C, Sierra V. Achieving a Socially Responsible Supply Chain through Assessment and Collaboration［J］. Journal of Cleaner Production, 2016, 112（20）.

［91］Sangiovanni A. Justice and the Priority of Politics to Morality［J］. The Journal of Political Philosophy, 2007, 16（2）.

［92］Savourey E, Brabant S. The French Law on the Duty of Vigilance: Theoretical and Practical Challenges since its Adoption［J］. Business and Human Rights Journal, 2021, 6（1）.

［93］Schutter O D. Towards a New Treaty on Business and Human Rights［J］. Business and Human Rights Journal, 2015（1）.

［94］Sjafjell B. Why Law Matters: Corporate Social Irresponsibility and the Futility of Voluntary Climate Change Mitigation［J］. European Company Law, 2011, 8（2）.

［95］Snidal D, Abbott K. The Governance Triangle: Regulatory Standards Institutions and the Shadow of the State［A］//Mattli W, Woods N. The Politics of Global Regulation［M］. Princeton: Princeton University Press, 2009.

［96］ Swami S, Garg E, Ghosh D, Swami C. Corporate Social Responsibility in Supply Chains ［J］. Encyclopedia of Renewable and Sustainable Materials, 2019 （5）.

［97］ Tang C S. Socially Responsible Supply Chains in Emerging Markets: Some Research Opportunities ［J］. Journal of Operations Management, 2018, 57 （1）.

［98］ Teubner G. Substantive and Reflexive Elements in Modern Law ［J］. Law & Society Review, 1983, 17 （2）.

［99］ The UN Mandate on Business and Human Rights – Foundations and Implementation ［M］. Boston: Martinus Nijhoff Publishers, 2014.

［100］ Vacaflor A S. Putting the French Duty of Vigilance Law in Context: Towards Corporate Accountability for Human Rights Violations in the Global South ［J］. Humman Rights Review, 2021 （22）.

［101］ Vandenbergh M P. Private Environmental Governance ［J］. Cornell Law Review, 2013, 99 （1）.

［102］ Vogel D. Trading up: Consumer and Environmental Regulation in Global Economy ［M］. Cambridge: Harvard University Press, 1995.

［103］ Wettstien F. Multinational Corporations and Global Justice: Human Rights Obligations of a Quasi – Governmental Institution ［M］. Redwood City: Stanford University Press, 2009.

［104］ Winston M. NGO Strategies for Promoting Corporate Social Responsibility ［J］. Ethics & International Affairs, 2002, 16 （1）.

［105］ Young I M. Responsibility and Global Labor Justice ［J］. Journal of Political Phylosophy, 2004 （12）.

［106］ Zhu Q, Lai K. Enhancing Supply Chain Operations with Extended Corporate Social Responsibility Practices by Multinational Enterprises: Social Capital Perspective from Chinese Suppliers ［J］. International Journal of Production Economics, 2019, 213 （C）.

［107］ Gupta A, Mason M. Transparency in Global Environmental Governance: Critical Perspectives ［M］. Cambridge: The MIT Press, 2014.

［108］ 曾珍香, 张云飞, 王梦雅. 供应链社会责任协同治理机制研究——基于复杂适应系统视角 ［J］. 管理现代化, 2019, 39 （3）.

［109］陈远高．供应链社会责任的概念内涵与动力机制［J］．技术经济与管理研究，2015（1）．

［110］迟德强．从国际法论跨国公司的人权责任［J］．东岳论丛，2016（2）．

［111］迟德强．论跨国公司社会责任的国际立法［J］．东岳论丛，2011（1）．

［112］范志国，付波．基于企业社会责任的供应链管理监督模式研究［J］．企业活力，2010（1）．

［113］高秦伟．跨国私人规制与全球行政法的发展——以食品安全私人标准为例［J］．当代法学，2016（5）．

［114］郭春香，李旭升，郭耀煌．社会责任环境下供应链的协作与利润分享策略研究［J］．管理工程学报，2011（2）．

［115］郝琴，陈元桥．国内外企业社会责任评价对比分析［J］．中国市场，2013（35）．

［116］华忆昕．企业社会责任规制反身法路径的适用与反思［J］．重庆大学学报（社会科学版），2021（3）．

［117］黄志雄．非政府组织：国际法律秩序中的第三种力量［J］．法学研究，2003（4）．

［118］黄志雄．企业社会责任的国际法问题研究［J］．武大国际法评论，2009（9）．

［119］蒋建湘．企业社会责任的法律化［J］．中国法学，2010（5）．

［120］李春林．国际法上的贸易与人权问题研究［M］．武汉：武汉大学出版社，2007．

［121］李春林．跨国公司的国际人权责任：基本现状与发展趋势［J］．云南社会科学，2012（4）．

［122］李春林．贸易自由化与人权保护关系研究［M］．北京：法律出版社，2016．

［123］李金华，黄光于．供应链社会责任的整合治理模式与机制［J］．系统科学学报，2016（1）．

［124］李金华，黄光于．供应链社会责任治理机制、企业社会责任与合作伙伴关系［J］．管理评论，2019（10）．

[125] 李金良，乔明哲．基于全球供应链管理中企业的社会责任治理 [J]．管理学刊，2010（12）．

[126] 李文川，卢勇，张群祥．西方企业社会责任研究对我国的启示 [J]．改革与战略，2007（2）．

[127] 李相洙．工商业与人权的反身法路径——基于法韩两国案例的分析 [J]．李勇，译．人权研究，2022（1）．

[128] 李卓伦．企业人权尽责实施的模式、取向及启示 [J]．社会科学论坛，2022（3）．

[129] 梁晓晖．工商业与人权：从法律规制到合作治理 [M]．北京：北京大学出版社，2019.

[130] 楼建波，甘培忠．企业社会责任专论 [M]．北京：北京大学出版社，2009.

[131] 卢代富．企业社会责任的经济学和法学分析 [M]．北京：法律出版社，2002.

[132] 马跃如，周默亭，曹裕．二级供应链中企业社会责任行为的博弈研究 [J]．财经理论与实践，2019，40（4）．

[133] 欧姆瑞·本·沙哈尔，卡尔·E. 施耐德．过犹不及：强制披露的失败 [M]．陈晓芳，译．北京：法律出版社，2015.

[134] 庞珣，何晴倩．全球价值链中的结构性权力与国际格局演变 [J]．中国社会科学，2021（9）．

[135] 容庆，湛红晖．全球供应链社会责任运动的发展及对策研究 [J]．改革与战略，2008（10）．

[136] 苏珊·斯特兰奇．国家与市场 [M]．上海：上海人民出版社，2019.

[137] S. P. 塞西．制定全球标准：跨国企业行为准则创建指南 [M]．北京：北京大学出版社，2010.

[138] 苏珊·斯特兰奇．权力流散：世界经济中的国家与非国家权威 [M]．北京：北京大学出版社，2005.

[139] 谭深，刘开明．跨国公司的社会责任与中国社会 [M]．北京：社会科学文献出版社，2003.

[140] 陶菁．错位与合作——全球供应链中的企业社会责任 [J]．商场现代化，2009（2）．

［141］陶菁．全球供应链中的企业社会责任价值分配［J］．物流经济，2009（4）．

［142］图依布纳．现代法中的实质要素和反思要素［J］．矫波，译．北大法律评论，1999（2）．

［143］万鄂湘．欧洲人权法院判例评述［M］．武汉：湖北人民出版社，1999.

［144］王玲．基于博弈论的供应链信任产生机理与治理机制［J］．软科学，2010（2）．

［145］王彦志．跨国民间法初探——以全球经济的私人规制为视角［J］．民间法，2012（11）．

［146］王长义．基于程序公正性视角的跨国公司供应链社会责任管理研究［J］．理论学刊，2011（4）．

［147］魏修建．供应链利益分配研究——资源与贡献率的分配思路与框架［J］．南开管理评论，2005，8（2）．

［148］吴白乙，张一飞．全球治理困境与国家"再现"的最终逻辑［J］．学术月刊，2021（1）．

［149］吴定玉．供应链企业社会责任管理研究［J］．中国软科学，2013（2）．

［150］吴光芸．利益相关者合作视野下跨国公司社会责任的强化［J］．广西经济管理干部学院学报，2008（4）．

［151］星野昭吉．全球治理的结构与向度［J］．南开学报，2011（3）．

［152］徐广业，喻喜．供应链社会责任研究综述［J］．重庆工商大学学报，2021（4）．

［153］徐亚文，黄峰．工商业人权治理的历史回眸与实现路径之展望——暨《工商企业与人权指导原则》核可十周年［J］．人权研究，2021（2）．

［154］杨力．企业社会责任的制度化［J］．法学研究，2014，36（5）．

［155］杨丽伟，胡继灵．论供应链企业间社会责任缺失风险的传导［J］．现代物业，2010，9（2）．

［156］杨瑞龙，周业安．论利益相关者合作逻辑下的企业共同治理机制［J］．中国工业经济，1998（1）．

［157］余劲松．跨国公司法律问题专论［M］．北京：法律出版社，2008.

［158］余晓敏. 经济全球化背景下的劳工运动：现象、问题与理论［J］. 社会学研究，2006（3）.

［159］袁裕辉. 供应链主导企业社会责任研究——以复杂网络理论为视角［J］. 经济与管理，2012，26（7）.

［160］约翰·鲁格. 工商业与人权：演进中的国际议程［J］. 张伟，尹龄颖，译. 国际法研究，2017（3）.

［161］张怀岭. 德国供应链人权尽职调查义务立法：理念与工具［J］. 德国研究，2022，37（2）.

［162］张维迎. 企业理论与中国企业改革［M］. 北京：北京大学出版社，1999.

［163］张文显. 良法善治：民主法治与国家治理［M］. 北京：法律出版社，2015.

［164］张中元. 国家在全球价值链治理中的作用［J］. 新视野，2020（6）.

［165］周霞. 跨国公司社会责任运动的"内部化"——全球治理视角下的市场、公民社会和政府［A］//马骏，侯一麟. 公共管理研究［M］. 上海：格致出版社，2010.

［166］朱柯冰，曾珍香. 驱动力、企业社会责任及供应链绩效的关系［J］. 技术经济，2019，38（4）.